패턴부터 남다른 아이 옷 스타일 북 개정증보판

매일매일 입고 싶은
심플 데일리 키즈룩

가타가이 유키 지음 | 남궁가윤 옮김

한스미디어

Contents

게재 페이지 / 만드는 법 페이지

윗옷 & 겉옷

02
둥근 밑단 티셔츠
P.06 / P.55

18
어깨 단추 티셔츠
'반소매' P.24 / P.84
'7부 소매' P.25 / P.84

04, 22
밴드칼라 셔츠
'반소매' P.08 / P.60
'긴소매' P.32 / P.90

20
래글런 블라우스
P.28 / P.86

09
프릴 블라우스
P.14 / P.70

26
투톤 풀오버
'긴소매'
P.38 / P.92

11
짧은 소매 블라우스
P.16 / P.72

28
A라인 풀오버
'7부 소매'
P.40 / P.93

13
절개 티셔츠
P.18 / P.76

32
퍼 블루종
P.43 / P.103

14
벌룬소매 블라우스
P.20 / P.78

33
체스터 코트
P.44·45 / P.106

원피스 +α

01, 25
티어드 원피스
'프렌치소매' P.04 / P.50
'긴소매' P.36 / P.52

07
셔링 원피스
P.10 / P.64

16
개더 원피스
P.22 / P.82

08, 24
콩비네종
'쇼트' P.12 / P.66
'롱' P.34 / P.68

21
도킹 원피스
P.30 / P.88

팬츠

10
개더 퀼로트
P.14 / P.69

15
쇼트 팬츠
P.20·25 / P.80

29
턱 퀼로트
P.40 / P.97

05.17.23
스트레이트 팬츠
'무릎길이' P.24 / P.62
'발목 길이' P.08 / P.62
'롱 길이' P.32 / P.62

12
테이퍼드 팬츠
'발목 길이·롱 길이'
P.17 / P.74

27
스웨트 팬츠
P.39 / P.95

스커트

03
고무밴드 스커트 &
속바지
P.06 / P.57

19
스웨트 스커트
P.26 / P.81

31
살로페트 스커트
P.42 / P.100

소품

06
리본 슈슈
P.10 / P.53

30
방울 크로스백
P.40 / P.98

34
쇼트 스누드
롱 스누드
P.44·45 / P.54

옷 만들기의 기본……P.46~49
만드는 법……P.50~109

01 / Tierd dress French sleeve

티어드 원피스 '프렌치소매'

스커트를 절개해 개더를 듬뿍 잡은 티어드 원피스. 소매 달기가 필요 없는 프렌치소매는 만드는 법도 간단하고 어디에나 잘 어울립니다. 빳빳하지 않은 부드러운 원단을 추천합니다. 옆선에는 솔기를 이용해 주머니를 만들었어요.

만드는 법/ P.50   원단/ CHECK & STRIPE   모델 키/ 111cm

02 / Round hem T-shirt

둥근 밑단 티셔츠

오프숄더 몸판에 짧은 소매를 달아서 날마다 편하게 입을 수 있는 티셔츠. 목둘레에는 신축성이 뛰어난 스판 후라이스를 사용하고 몸판에 적당한 리브 치수를 고려해 패턴을 만들었습니다.

만드는 법/ P.55   원단/ 네코노카쿠레가

03 / Elastic waist skirt & undershorts

고무밴드 스커트 & 속바지

간단히 만들 수 있는 고무밴드 스커트. 학교에 입고 가기에도 좋도록 옆선 솔기를 이용해 주머니를 달았어요. 주름이 많이 들어가서 활짝 퍼지는 스커트는 같은 원단으로 속바지를 만들어두면 마음 편하게 입을 수 있답니다.

만드는 법/ P.57   원단/ CHECK & STRIPE (산호색 민무늬)   모델 키/ 111cm

왼쪽은 민무늬 리넨 단색으로 만들었고 오른쪽은 꽃무늬 스커트에 꽃분홍색을 조합해보았습니다. 허리에 고무밴드를 여러 줄 넣는 디자인이라서 폭 6mm의 가는 고무밴드를 사용했습니다. 자투리 천으로 만든 코르사주를 달면 옷의 앞뒤를 구별하기 편리해요.

04 / Short Sleeves band collar shirt

밴드칼라 셔츠 '반소매'
남자아이든 여자아이든 입기 좋은 밴드칼라 셔츠. 드롭숄더라서 여유 있는 실루엣입니다. 밑단 디자인은 반소매와 균형을 맞춰서 스퀘어 컷으로 했습니다. 워싱 처리 리넨이나 면으로 만들어서 캐주얼한 옷차림을 즐겨보세요. 사진처럼 단추를 잠가서 입어도 좋고, 안에 티셔츠를 입고 그 위에 걸쳐도 좋아요.
만드는 법/ P.60　원단/ CHECK & STRIPE

05 / straight ankle pants

스트레이트 팬츠 '발목 길이'
발끝까지 오는 롱 길이부터 무릎길이까지 밑아래 길이를 다양하게 변형할 수 있는 캐주얼 팬츠. 허리 전체에 고무밴드를 넣어서 만들기 쉽고, 활동하기에 편한 넉넉한 실루엣이 특징입니다. 발목 길이는 어느 계절이든 잘 어울리는 스타일입니다. 튼튼한 면 원단으로 만드는 것을 추천합니다. 24페이지에서 무릎 길이, 28페이지에서 같은 팬츠의 다른 코디네이션, 32페이지에서 롱 길이를 소개했습니다.
만드는 법/ P.62　원단/ CHECK & STRIPE　모델 키/ 110cm

06 / Ribbon chou-chou

리본 슈슈

옷을 만들고 남은 자투리 천으로 만들 수 있는 리본 달린 슈슈. 헤어 액세서리로도 좋고 팔찌처럼 손목에 끼워도 귀여워요. 고무밴드 부분과 리본 부분을 각각 다른 원단으로 해도 멋지답니다. 얇은 원단부터 두꺼운 원단까지 다양한 원단으로 만들 수 있어요. 리본 부분은 접착심을 붙이면 모양이 예쁘게 나옵니다.

만드는 법/ P.53 (지그재그 스티치 불필요)

07 / Shirring dress

셔링 원피스

고무밴드를 넣어서 셔링을 잡은 것처럼 보이는 캐미솔 원피스. 옆선에는 솔기를 이용해 주머니를 달았어요. 개더가 예쁘게 잡히는 얇은 원단을 추천합니다. 어깨끈 길이는 리본 매듭으로 조절하고, 위치가 정해지면 아이 혼자서도 뒤집어서 입을 수 있습니다. 한여름 외출복으로 잘 어울리는 원피스예요.

만드는 법/ P.64 (지그재그 스티치 불필요)
원단/ CHECK & STRIPE (크림민트)
모델 키/ 왼쪽: 106cm, 오른쪽: 111cm

08 / short jumpsuit

쇼트 콩비네종

앞트임이라서 혼자 입고 벗기 편한 디자인의 콩비네종. 어깨에는 요크 절개를 넣었고 팬츠에는 주머니를 달았습니다. 허리는 고무밴드로 처리해서 활동하기 편해요. 어린아이에게는 일반 단추 대신 똑딱단추를 달아두면 간단히 잠갔다 풀었다 할 수 있어서 좋습니다.

만드는 법/ P.66   원단/ ㈜쓰쿠리에   모델 키/ 106cm

09 / Frilly blouse

프릴 블라우스

어른도 입고 싶어지는 깔끔한 디자인의 프릴 블라우스. 프릴은 뻣뻣하지 않도록 바이어스로 재단했고 속옷이 잘 보이지 않도록 옆감을 달았습니다. 뒷모습이 귀여운 단추 트임으로 처리해서 제일 윗단추를 풀고 뒤집어써서 입을 수도 있습니다.

만드는 법/ P.70   원단/ LINNET

10 / Gadthered Culotte

개더 퀼로트

미니스커트처럼 보이는 개더 퀼로트. 조금 짧은 길이로 만들어도 치마바지라서 편하게 입을 수 있어요. 원단은 개더가 예쁘게 잡히도록 얇은 두께에서 보통 두께의 원단을 추천합니다. 허리벨트에는 뒤에만 고무밴드를 넣었기 때문에 윗옷을 넣어 입어도 앞모습이 깔끔합니다. 앞허리벨트에는 파이핑을 끼워서 악센트를 주었습니다.

만드는 법/ P.69   원단/ LINNET (원단), RiBBONs (파이핑)   모델 키/ 106cm

11 / short sleeve blouse

짧은 소매 블라우스

지나치게 파이지 않은 목둘레선이 고급스러운 느낌을 주는 앞루프 트임의 절개 개더 블라우스. 프릴처럼 보이는 짧은 소매가 포인트인 여름철 외출용 블라우스예요. 원단 가장자리를 모두 숨긴 디자인이라서 가정용 재봉틀로 깔끔하게 만들 수 있습니다. 밑에 받쳐 입은 팬츠는 작품 12 테이퍼드 팬츠 '발목 길이'(→P.17)입니다. 쇼트 팬츠와 함께 입어도 귀여워요.

만드는 법/ P.72 (지그재그 스티치 불필요)　원단/ CHECK & STRIPE　모델 키/ 106cm

12 / Tapered pants

테이퍼드 팬츠 '발목 길이·롱 길이'

엉덩이와 허벅지 부분은 여유 있고 밑단으로 갈수록 좁아지는 테이퍼드 실루엣의 긴 팬츠. 뒤허리벨트만 고무밴드로 처리한 실루엣이 특징입니다. 밑단을 걷어서 입어도 귀여워요. 밑아래 길이는 2가지이며 카키색이 롱 길이, 남색이 발목 길이입니다. 주머니나 허리벨트를 바꿔 달아 서로 색을 달리해도 멋집니다.

만드는 법/ P.74 원단/ 오카다야 (아미그린), 원단 도매상 YAMATOMI (남색)

13 / Paneled T-shirt

절개 티셔츠

직물 원단과 니트 원단을 함께 사용한 티셔츠로 남자아이든 여자아이든 잘 어울려요. 늘어나기 쉬운 소맷부리나 목둘레에는 직물 원단을 사용해, 입기에도 편하고 바느질도 쉽도록 고려한 디자인입니다. 앞여밈단 부분은 간단하게 한 장으로 만들 수 있답니다. 니트 원단 초보자라도 직물 원단처럼 바느질할 수 있습니다.

만드는 법/ P.76 원단/ jack & bean 모델 키/ 110cm

요크·옆선·뒷주머니에는 취향에 따라 라벨이나 끼움라벨을 장식해서 악센트를 주어도 좋습니다. 함께 입은 팬츠는 작품 12 테이퍼드 팬츠 '롱 길이'(→P.17)입니다.

14 / Balloon sleeve blouse

벌룬소매 블라우스

소매산에 개더를 듬뿍 잡은 벌룬소매 블라우스. 어깨가 넓어 보이지 않도록 소매 다는 라인에 공을 들였습니다. 소맷부리 개더는 고무밴드를 넣고 박기만 하면 되는 디자인이라서 일반 벌룬소매보다 간단합니다. 앞뒤판의 밑단 길이를 다르게 하고 슬릿도 넣었습니다. 뒷단추는 디자인의 중요 포인트. 어느 부분을 봐도 귀여운 블라우스예요.

만드는 법/ P.78   원단/ CHECK & STRIPE

15 / Short pants

쇼트 팬츠

허리 전체를 고무밴드로 처리한 쇼트 팬츠. 밑단이 넓게 퍼지는 실루엣이라서 어떤 윗옷이든 잘 어울립니다. 양옆에는 솔기를 이용한 주머니가 있는데 간단히 만들 수 있으면서도 실용적인 아이템입니다. 계절에 맞는 원단으로 만들어서 더운 계절에는 그냥 입고 추운 계절에는 타이츠 위에 입으면 일 년 내내 입을 수 있어요.

만드는 법/ P.80   원단/ CHECK & STRIPE   모델 키/ 106cm

16 / Gathered neck dress

개더 원피스

빨간색 민무늬는 조금 힘이 있는 리넨으로 만든 외출용 원피스. 푸른 계열 깅엄체크는 조금 처지는 리투아니아 리넨을 사용해 캐주얼한 분위기로 만들었습니다. 목둘레는 개더를 잡은 몸판을 파이핑 처리하고 시판 리본을 끼워서 트임 정도를 조절합니다. 리본 끝에 술을 달면 악센트가 되어서 귀여워요. 리본을 묶기 불편하면 가는 고무밴드로 처리하고 미리 묶은 리본을 달아도 좋습니다.

만드는 법/ P.82 원단/ CHECK & STRIPE (→P.22), fabric bird (→P.23) 모델 키/ P.22 : 111cm, P.23 : 106cm

17 / straight half pants

스트레이트 팬츠 '무릎길이'

스트레이트 팬츠를 무릎길이로 변형한 반바지. 양옆에는 주머니가 있어서 실용적이지요. 허리를 고무밴드로 처리해서 만들기도 간단하고 여름 일상복으로도 좋습니다. 윗옷으로는 작품 18 어깨 단추 티셔츠(→P.25) 중 반소매를 입었습니다.

만드는 법/ P.62   모델 키/ 110cm

티셔츠에 사용하는 원단은 잘 늘어나지 않는 평직 니트나 미니 쭈리, 골판지 니트 등을 추천합니다. 목둘레는 직물 원단 안단으로 마무리해서 늘어날 염려가 없고 세탁을 여러 번 해도 안심이에요. 밑에 받쳐 입은 팬츠는 작품 15 쇼트 팬츠(→P.21)를 검정 민무늬 원단으로 만든 것입니다.

18 / Shoulder buttons T-shirt

어깨 단추 티셔츠 '반소매·7부 소매'

단정한 느낌의 어깨 단추 티셔츠. 남자아이용(→P.24)은 앞뒤판의 밑단선이 같고 슬릿이 없으며 악센트로 윗주머니를 단 디자인입니다. 여자아이용(→P.25)은 앞판이 짧고 뒤판을 조금 길게 한 디자인으로 겉으로 내서 입든 안에 넣어 입든 잘 어울립니다. 단추는 시판 플라스틱 똑딱단추를 달면 어린아이라도 간단히 잠갔다 열었다 할 수 있습니다. 소매는 반소매·7부 소매를 바꿔서 달 수 있습니다. 부록의 실물 크기 패턴에는 긴소매 라인도 실었습니다.

만드는 법/ P.84 원단/ 니트 원단 온라인숍 puriri (→P.25) 모델 키/ 106cm

19 / Sweat skirt

스웨트 스커트

귀여우면서도 활동하기 편한 스웨트 원단으로 만든 스커트. 파이핑으로 포인트를 준 디자인으로 원단 가장자리가 깔끔하게 숨겨지고 안쪽도 깨끗하게 마무리되도록 바느질 순서와 마무리 방법을 곰곰이 생각했습니다. 추운 계절에도 레깅스나 타이츠와 함께 입으면 일 년 내내 입을 수 있어요. 뒤스커트에는 조그만 주머니를 달았습니다. 윗옷은 작품 02 둥근 밑단 티셔츠(→P.6)를 민무늬 분또 원단으로 만들었습니다.

만드는 법/ P.81   원단/ 니트 원단 통판 SMILE   모델 키/ 106cm

20 / Raglan blouse

래글런 블라우스

굵은 고무밴드로 처리한 귀여운 목둘레가 포인트인 블라우스. 통이 좁은 팬츠를 받쳐 입어도 좋고 풍성한 팬츠나 스커트와 함께 입어도 귀여운 차림이 된답니다. 앞뒤중심은 간단히 바느질할 수 있으면서도 포인트가 되는 장식 절개입니다. 자투리 천으로 만든 코르사주를 달면 균형 있게 마무리됩니다. 팬츠는 작품 05 발목 길이 스트레이트 팬츠(→P.8)를 착용했습니다.

만드는 법/ P.86   원단/ CHECK & STRIPE   모델 키/ 111cm

21 / A-line dress

도킹 원피스

투피스처럼 보이는 도킹 원피스. 입기 편하게 툭 떨어지는 실루엣이라 어떤 체형의 아이에게도 잘 어울리고, 외출복으로도 좋습니다. 책에 실린 작품은 7부 소매지만 부록의 실물 크기 패턴에는 반소매 라인도 있습니다.

만드는 법/ P.88 원단/ CHECK & STRIPE
모델 키/ 111cm

22 / Long sleeves band collar shirt

밴드칼라 셔츠 '긴소매'

남자아이든 여자아이든 입기 좋은 밴드칼라 셔츠. 앞단추를 잠그고 입어도 좋고 단추를 풀고 걸쳐도 편리합니다. 드롭숄더라서 여유 있는 실루엣이기 때문에 다양한 방법으로 입을 수 있습니다. 환절기에는 얇은 면으로, 추운 계절에는 기모 원단으로 만들어도 좋습니다.

만드는 법/ P.90   원단/ CHECK & STRIPE

23 / straight long pants

스트레이트 팬츠 '롱 길이'

통이 넓어서 활동하기 편한 스트레이트 팬츠. 허리에 고무밴드를 넣어서 입기에 편하고 일상복으로도 좋습니다. 양옆에는 솔기를 이용한 주머니를 달았습니다. 뻣뻣한 원단은 움직이기 불편하니 부드러운 원단을 추천합니다. 8·28페이지에서 발목 길이, 24페이지에서 무릎길이 디자인을 소개했습니다.

만드는 법/ P.62   원단/ CHECK & STRIPE   모델 키/ 110cm

24 / Long pants jumpsuit

롱 콩비네종

스스로 입고 벗기 편한 디자인의 롱 콩비네종. 진동둘레가 조금 작아서 안에 입는 옷은 너무 헐렁하지 않아야 좋습니다. 밑단을 걷어서 입어도 귀여워요. 얇은 원단부터 두꺼운 원단까지 다 사용할 수 있는데, 두꺼운 원단으로 만들 때는 안에 대는 부분을 얇은 원단으로 하면 바느질하기 쉽습니다. 12페이지에 반바지 타입의 콩비네종을 소개했습니다.

만드는 법/ P.68   원단/ CHECK & STRIPE   모델 키/ 106cm

25 / Tiered dress

티어드 원피스 '긴소매'

A라인으로 퍼지는 개더 절개선이 귀여운 티어드 원피스. 뒤트임은 안에 입은 옷이 보이지 않도록 겹쳐지게 디자인했습니다. 어깨선이 내려온 디자인이라서 원단에 따라서는 캐주얼한 느낌이 되기도 합니다. 개더 디자인이 돋보이도록 민무늬 원단을 추천합니다. 딱 맞는 사이즈로 입어도 좋고 조금 큼직하게 만들어도 귀여운 차림이 됩니다.

만드는 법/ P.52   원단/ CHECK & STRIPE   모델 키/ 왼쪽 : 106cm, 오른쪽 : 111cm

26 / Two-tone pullover

투톤 풀오버 '긴소매'

티셔츠 느낌으로 입을 수 있는 풀오버. 기본 디자인이라서 남녀 겸용으로 사용할 수 있습니다. 소매와 몸판의 원단을 바꾸거나 직물 원단으로 윗주머니와 팔꿈치바대를 다는 등 다양하게 변형할 수 있어요. A라인 풀오버(→P.40)와 소매는 공통이고 몸판만 다릅니다. 원단은 미니 쭈리나 쭈리 등 조금 두꺼운 니트 원단을, 목둘레에는 신축성 좋은 스판 후라이스를 사용하세요.

만드는 법/ P.92 원단/ 니트 원단 통판 SMILE (원단), RiBBONs (파이핑)

27 / Sweat pants

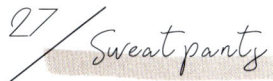

스웨트 팬츠

스웨트 원단으로 만들어서 활동하기 편한 남녀 겸용 팬츠. 밑단으로 갈수록 좁아지는 테이퍼드 실루엣이라서 외출복으로도 좋아요. 손을 넣기 편한 주머니가 있어 일상복으로 입기에 편합니다. 뒤판에는 요크 절개를 넣어 스타일을 한층 멋지게 살린 디자인이랍니다. 팬츠 부분은 쭈리 등 스웨트 원단, 허리와 밑단에는 스판 리브를 사용했습니다.

만드는 법/ P.95　원단/ jack & bean　모델 키/ 110cm

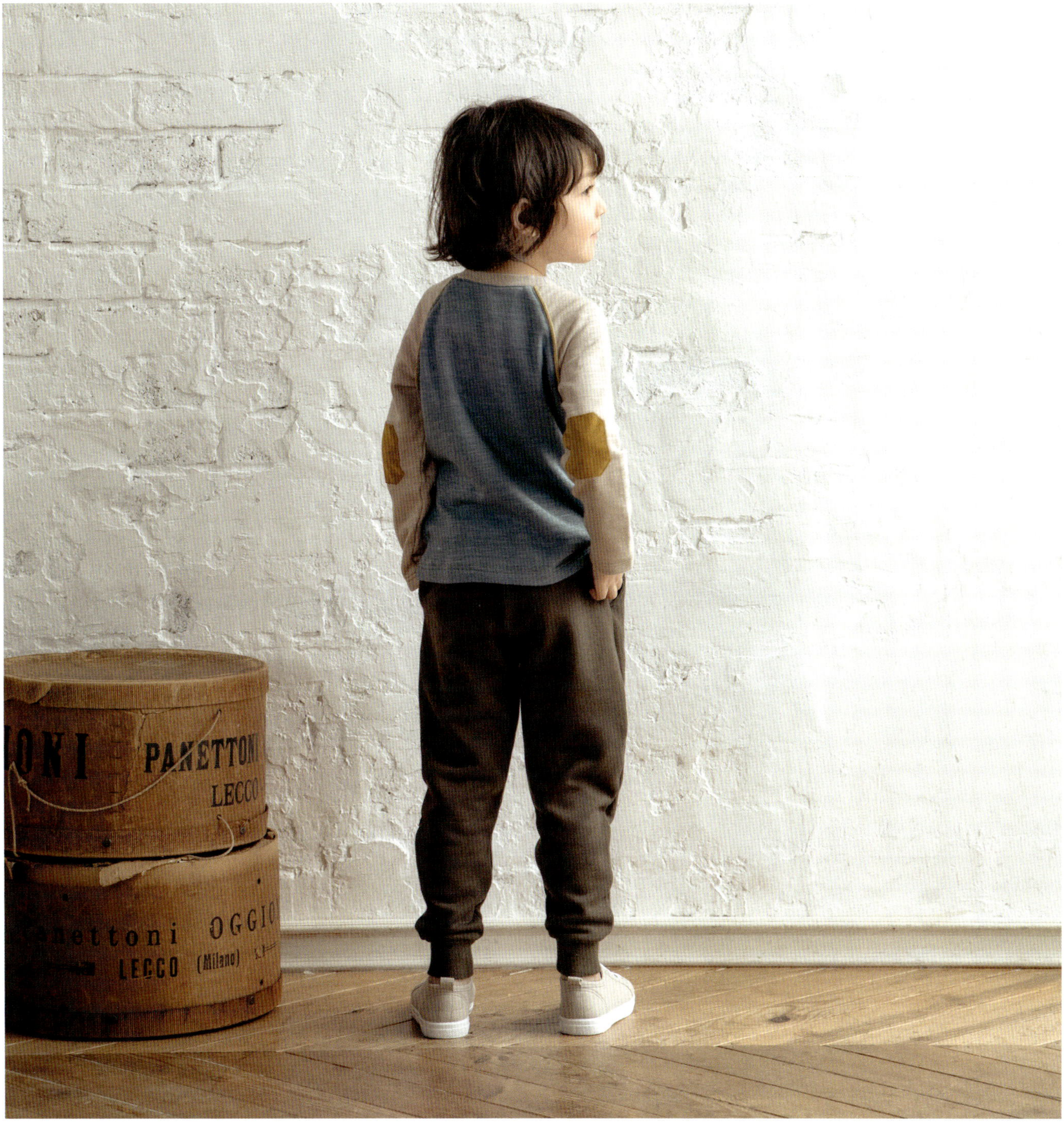

28 / A-line pullover

A라인 풀오버 '7부 소매'

부드럽게 퍼지는 A라인 실루엣의 풀오버. 소매 달기가 간단한 래글런소매로 디자인했어요. 작품 26 투톤 풀오버(→P.38)와 소매는 공통이고 몸판 라인만 다릅니다. 민무늬로 만들어도 좋고 무늬 원단으로 만들어도 입기 좋아요. 절개 부분에 파이핑을 끼우면 악센트가 되지요.

만드는 법/ P.93
원단/ le Sucre (원단), RiBBONs (파이핑)

29 / Tuck culotte

턱 퀼로트

고급스러운 실루엣의 턱 퀼로트. 블라우스 등 윗옷을 넣어서 입어도 단정해 보이도록 앞허리벨트에는 접착심을 붙였고 뒤허리벨트는 고무밴드로 길이를 조절하도록 했습니다. 트윌이나 플란넬 등 중간 두께 원단을 추천합니다.

만드는 법/ P.97 원단/ CHECK & STRIPE

30 / Pochette with pompoms

방울 크로스백

방울 브레이드를 옆선에 끼워서 만든 깜찍한 디자인의 크로스백. 뚜껑 끝에 술을 달아서 악센트를 주었습니다. 뒤판에는 교통카드 등을 넣을 수 있도록 주머니를 달았어요.

만드는 법/ P.98 (지그재그 스티치 불필요)
원단/ CHECK & STRIPE   모델 키/ 111cm

31 / Denim salopette skirt

살로페트 스커트

데님이나 트윌 같은 중간 두께 원단으로 만든 살로페트 스커트. 여름에는 티셔츠를 받쳐 입고 겨울에는 얇은 스웨터와 함께 입으면 사계절 내내 다양한 차림을 즐길 수 있어요. 단추는 기성복처럼 흔들이단추를 달았는데 일반 단추를 달아도 괜찮습니다. 옷이 튼튼하고 주머니가 있어서 학교에 입고 가기에도 좋아요.

만드는 법/ P.100

32 / Faux fur blouson

퍼 블루종

복슬복슬한 양털 원단으로 만든 퍼 블루종. 간단히 만들 수 있는 래글런 절개 소매에 몸판 밑단은 살짝 퍼지게 했어요. 스커트에도 팬츠에도 입기 좋은 길이입니다. 안감을 전체에 대서 따스하고 입고 벗기 편합니다. 목둘레와 지퍼 부분에는 늘어나는 것을 막기 위해 직물 원단을 사용했습니다. 안감은 집에서 세탁할 수 있도록 물빨래가 가능한 소재를 추천합니다. 착용한 스누드는 작품 34 롱 스누드(→P.45) 입니다.

만드는 법/ P.103 (지그재그 스티치 불필요)
원단/ 엑스테리얼퍼숍 모델 키/ 111cm

33 / Chester coat

체스터 코트

남녀 가리지 않고 입을 수 있는 체스터 코트. 외출복으로 좋고 면 소재로 만들면 캐주얼 코트로도 입기 좋습니다. 플라노나 스트레치 트윌 등 가장자리 올이 잘 풀리지 않고 너무 두껍지 않은 원단이 바느질하기 쉬워서 추천합니다. 셔츠와 입거나 재킷처럼 걸쳐도 멋져요.

만드는 법/ P.106 (지그재그 스티치 불필요)
원단/ 원단 도매상 YAMATOMI (→P.44), 유자와야 (→P.45)

34 / Short & long snood

쇼트 스누드·롱 스누드

쑥 뒤집어쓰면 목을 따스하게 감싸주는 스누드. 남색 쇼트 스누드는 꼬아서 만들었습니다. 원단이 펴진 상태 그대로 만든 흰색 롱 스누드는 한 번 꼬아서 목에 감듯이 두릅니다. 뒤집어쓸 때 편하도록 신축성 있는 니트 원단을 추천합니다. 면 소재로 만들면 정전기가 일어나지 않고 세탁하기 편해요.

만드는 법/ P.54 (지그재그 스티치 불필요)
원단/ CHECK & STRIPE
모델 키/ P.44 : 111cm, P.45 : 110cm

 옷 만들기의 기본

만드는 법의 재단 배치도와 재료 표기

- 만드는 법의 그림 속 숫자는 cm 단위로 표기했습니다.
- 이 책의 패턴에는 시접이 포함되어 있지 않습니다. 재단 배치도를 참조해 시접 있는 패턴을 만드세요.
- 재단 배치도는 110 사이즈의 배치를 예로 들어 표기했습니다. 다른 사이즈는 조정이 필요할 수 있습니다.
- 재료의 원단 필요량은 무늬 맞추기를 하지 않을 때의 분량입니다. 무늬 맞추기가 필요한 원단은 10~20% 정도 더 준비합니다.
- 재료에 표기한 고무밴드 치수는 시접을 겹치는 분량이 1~1.5cm 포함되어 있습니다. 이 치수를 기준으로 아이에게 맞도록 조정합니다.
- 완성 치수는 따로 지정하지 않는 한, 옷 길이는 옆목점에서 밑단까지, 팬츠 길이와 스커트 길이는 허리벨트를 포함한 옆길이를 표기했습니다.

사이즈 선택하기

이 책에는 키 100~150cm 사이즈의 옷 패턴을 실었습니다. 각 사이즈의 패턴은 아래의 표준 체형(신체 치수)을 기준으로 만들었습니다. 기본적으로 키·가슴둘레·엉덩이둘레를 기준으로 사이즈를 선택하고 소매 길이나 옷 길이는 아이에게 맞도록 조정합니다. 만드는 법 페이지에는 작품의 완성 치수가 실려 있으므로 참고해 사이즈를 선택하세요.

기준 사이즈 표 (단위: cm)

사이즈	나이	키	가슴둘레	허리둘레	엉덩이둘레	어깨너비	등 길이	소매 길이	밑위	밑아래	머리둘레	몸무게
100	3~4세	95~105	53	51	56	27	27	33	20	40	50	16.8
110	5~6세	105~115	58	53	62	29	29	38	21	44	52	20.3
120	7~8세	115~125	63	56	66	31	32	40	22	53	53	24.8
130	9~10세	125~135	67	58	72	34	34	43	23	58	54	30.6
140	11~12세	135~145	72	58	75	36	36	46	24	60	54	37.2
150	12~13세	145~155	76	60	82	39	38	49	25	63	55	44.9

※ 모델의 키는 각 페이지에 적혀 있으므로 참고하세요.

원단 선택하기

제일 처음 만드는 옷은 책의 작품에 가까운 원단으로 해야 실패가 적습니다. 무늬 원단보다 민무늬에 올이 촘촘한 원단이 바느질하기 쉬우므로 추천합니다. 익숙해지면 체크무늬나 다양한 무늬 원단에 도전해보고, 계절이나 용도에 맞춰서 원단을 선택하는 즐거움도 느껴보세요.

선세탁

면이나 리넨 등 물에 담그면 줄어드는 원단은 옷을 만들기 전에 선세탁을 해두면 완성한 후에 옷이 비틀어질 염려가 없습니다. 간단한 선세탁 방법은 다음과 같습니다. 세탁망에 원단을 넣고 세제 없이 세탁기에 돌리거나 하룻밤 물에 담근 뒤 살짝 탈수해서 모양을 정리해 반쯤 마를 때까지 그늘에서 말립니다. 마지막으로 원단의 올을 수직 방향으로 정리하면서 다립니다.

Step 3

기본 도구 준비하기

옷을 만들 때 있으면 편리한 도구를 소개합니다. 집에 있는 물건으로도 대신할 수 있지만, 양재용 도구는 훨씬 사용하기 편리합니다. 한번 마련해두면 오래 쓸 수 있으니 제대로 된 도구를 골라서 작업 효율을 높여봅시다.
도구 제공/ 크로바주식회사

패턴지
실물 크기 패턴을 옮겨 그릴 때 사용하는 얇고 비치는 종이.

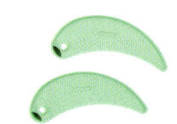

문진
시침핀 대신 사용하며 재단할 때 원단과 패턴을 눌러서 고정하는 도구.

자
모눈이 인쇄된 제품이 편리합니다.

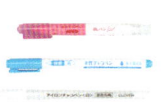

초크 펜
원단에 맞춤점이나 각 부분의 표시를 할 때 사용합니다.

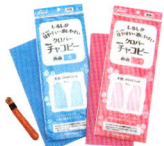

초크 페이퍼
룰렛과 함께 사용해 원단에 표시합니다.

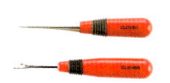

송곳·실뜯개
원단에 표시하거나 바늘땀을 풀 때 사용합니다.

가위
쪽가위와 재단 가위를 용도에 맞게 구분해 사용합니다.

시침핀·손바늘
시침핀은 원단끼리 임시 고정할 때, 손바늘은 단추 등을 달 때 사용합니다.

시침실
시침핀만으로는 확실하게 고정하기 어려운 부분에 시침질합니다.

줄자
신체 치수를 재거나 끈 또는 고무밴드 길이를 잴 때 사용합니다.

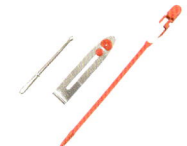

끈 끼우개
안전핀을 써도 되지만 전용 도구가 있으면 효율적!

고무밴드
고무밴드는 폭이 다양하게 나와 있습니다. 길이는 아이에게 맞춰서 조절하세요.

접착심
원단 뒷면에 다려서 붙이는 접착심은 원단을 빳빳하게 하거나 보강하기 위해 사용합니다.

늘어남 방지 테이프
어깨선이나 주머니 입구 등의 시접에 붙입니다. 접착심을 잘라서 써도 OK.

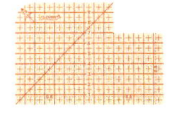

다리미 시접자
시접에 접은 금을 낼 때 사용하면 편리합니다.

재봉실과 재봉틀 바늘 준비

표를 참고해 원단에 적합한 재봉실과 재봉틀 바늘을 사용합니다. 번수가 커질수록 재봉실은 가늘어지고 재봉틀 바늘은 굵어집니다. 니트 원단에는 레질론 등 니트용 실과 끝이 뭉툭한 니트 전용 바늘을 쓰는 것이 가장 좋지만, 없을 때는 새 일반 재봉틀 바늘로 땀 폭을 작게 박는 방법도 있습니다.

원단 종류	재봉실	재봉틀 바늘
얇은 원단 (론, 보일 등)	90번	7번, 9번
보통 원단 (리넨, 브로드클로스 등)	60번	9번, 11번
두꺼운 원단 (데님, 모 등)	30번	11번, 14번
니트 원단 (쭈리, 평직 니트 등)	니트용 실	니트 전용 바늘 9번, 11번

※ 여기서는 가정용 재봉틀에서 사용하는 실을 소개합니다.

신축성이 낮은 니트 원단은 새 재봉틀 바늘로 땀 폭을 작게 해서 박으면 60번 실을 써도 괜찮습니다

가장 많이 사용하는 실은 60번!

재봉틀 바늘 | 레질론 (니트용 실) | 재봉실 왼쪽부터 90번 60번 30번

Step 4

시접 있는 패턴 만들기

선이 여러 개 겹쳐져 인쇄된 부록의 실물 크기 패턴은 원하는 부분에 미리 형광펜 등으로 표시하는 것이 좋습니다. 선이 비쳐서 그리기 쉬운 대형 패턴지를 패턴 위에 문진으로 눌러서 고정하고 자와 연필 또는 샤프펜슬을 사용해서 옮겨 그립니다.

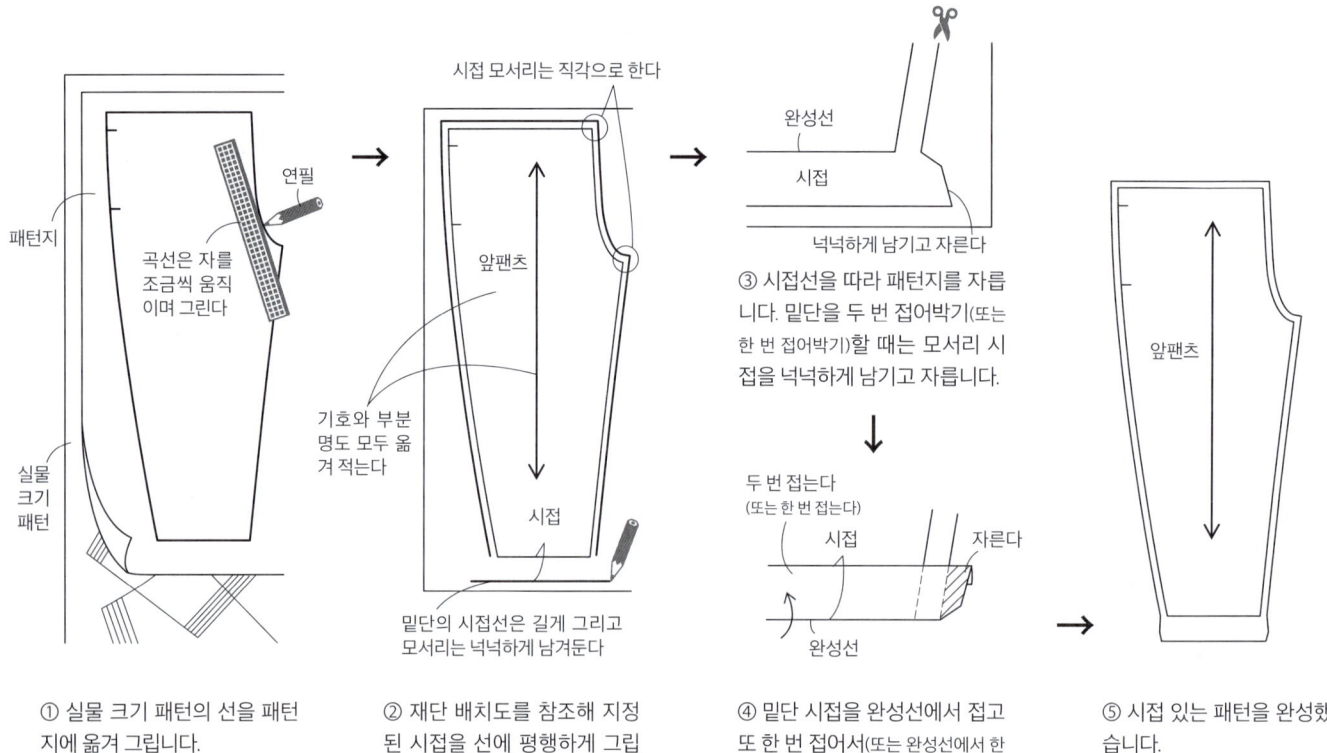

① 실물 크기 패턴의 선을 패턴지에 옮겨 그립니다.

② 재단 배치도를 참조해 지정된 시접을 선에 평행하게 그립니다. 모눈자를 이용하면 편리합니다.

③ 시접선을 따라 패턴지를 자릅니다. 밑단을 두 번 접어박기(또는 한 번 접어박기)할 때는 모서리 시접을 넉넉하게 남기고 자릅니다.

④ 밑단 시접을 완성선에서 접고 또 한 번 접어서(또는 완성선에서 한 번만 접어서) 튀어나온 부분을 잘라냅니다.

⑤ 시접 있는 패턴을 완성했습니다.

Step 5

원단 재단하기

재단 배치도를 참조해 원단 위에 패턴을 배치하고, 모든 부분이 다 들어가는지 확인한 뒤 패턴을 시침핀으로 고정하고 원단을 재단합니다.

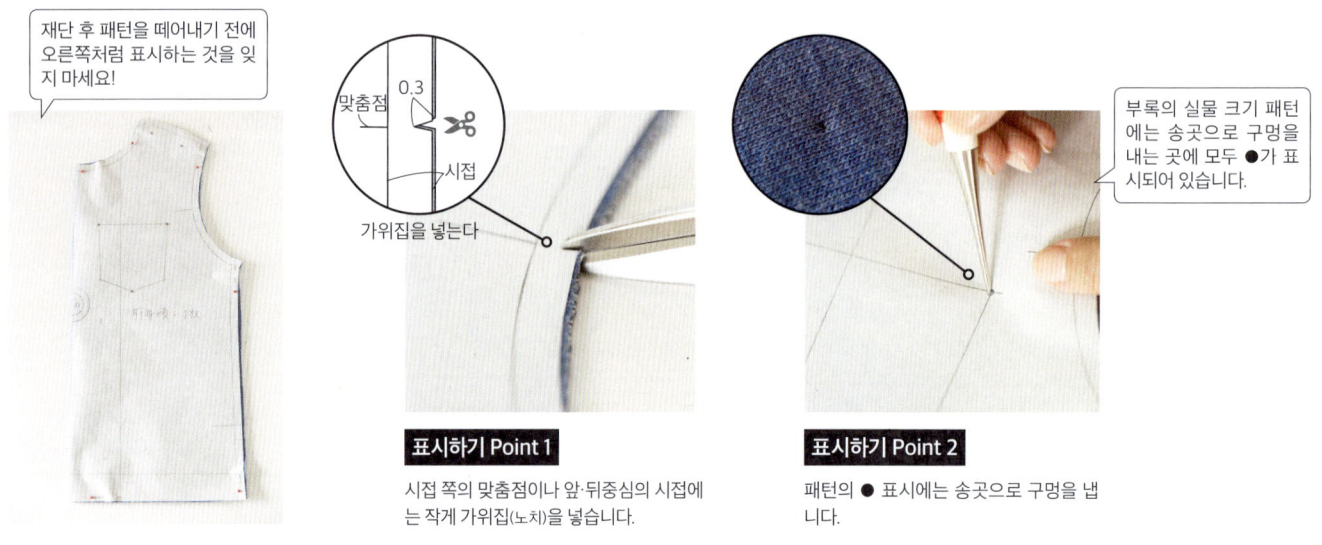

표시하기 Point 1

시접 쪽의 맞춤점이나 앞·뒤중심의 시접에는 작게 가위집(노치)을 넣습니다.

표시하기 Point 2

패턴의 ● 표시에는 송곳으로 구멍을 냅니다.

Step 6

봉제하기 전에 준비할 것

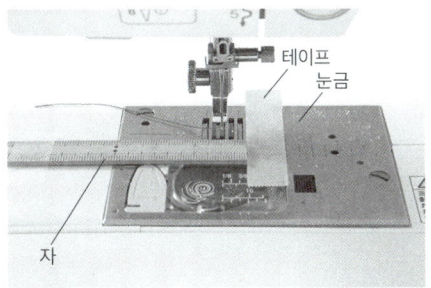

준비 1
재봉틀 침판의 눈금을 참고한다

완성선을 원단에 그리지 말고 재봉틀 침판에 있는 눈금을 이용해 원단 가장자리를 가지런히 해서 박으면 시접을 일정한 폭으로 박을 수 있습니다. 침판에 눈금이 없거나 알아보기 어려울 때는 재봉틀 바늘부터 자로 거리를 재서 마스킹테이프를 붙이고 그것을 표지로 삼아서 박습니다.

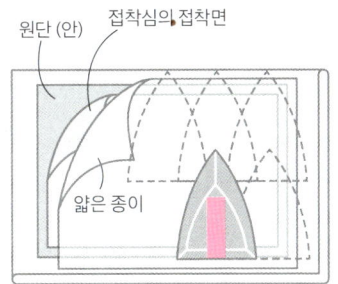

준비 2
접착심은 미리 붙여둔다

해당 부분 전체에 접착심을 붙인다면 조금 넉넉하게 자른 원단의 뒷면 전체에 접착심을 붙인 다음 패턴을 옮겨 그리고 재단합니다. 부분적으로 붙인다면 원단을 재단한 뒤 정해진 크기로 접착심을 잘라 붙입니다. 다리미는 틈이 생기지 않도록 조금씩 움직이며 약 10초씩 누르듯이 다립니다.

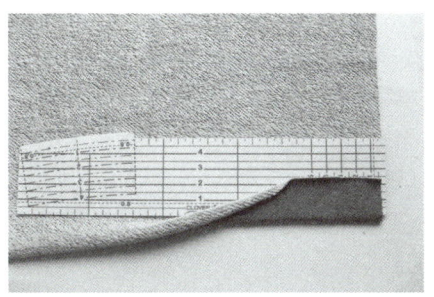

준비 3
시접을 다려서 접는 과정도 미리 해둔다

밑단이나 소맷부리를 두 번 접어서 박을 때 필요한 다림질은 봉제하기 전에 원단이 평평한 상태에서 해두면 이후의 공정이 편해집니다. 다리미 시접자를 사용하는 것도 추천합니다.

One Point Lesson

단춧구멍 만드는 법

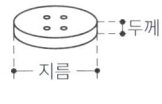
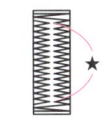

★=단추 지름+단추 두께(0.2cm 정도)

단춧구멍의 안지름을 ★cm로 설정한다

Point
단춧구멍은 반드시 자투리 천에 미리 시험삼아 박아봅니다! 두 번 겹쳐서 박으면 바늘땀이 촘촘해져서 예쁘답니다.

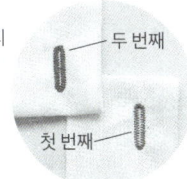

Point
단춧구멍의 구멍을 자르기 전에 올풀림방지액을 칠하면 올이 잘 풀리지 않아 깔끔한 단춧구멍이 됩니다.

턱 접는 법

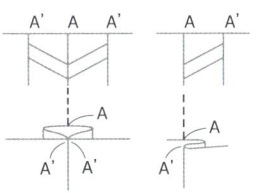

사선의 높은 쪽에서 낮은 쪽으로 접습니다. 오른쪽 그림은 A 선상에 A' 선을 겹칩니다.

Point
패턴을 옮겨 그릴 때 사선도 잊지 마세요!

개더 잡는 법

땀 폭을 크게 해 시접 안에 2줄을 평행하게 박는다

약 0.4
약 0.6
원단(겉)   완성선   윗실

Point
이때 윗실 2줄을 같이 당깁니다!

← 원단을 민다

박는다

Point
박아서 이을 때는 개더 잡은 쪽을 위로 오게 놓고 송곳 끝으로 모양을 정리하면서 박습니다.

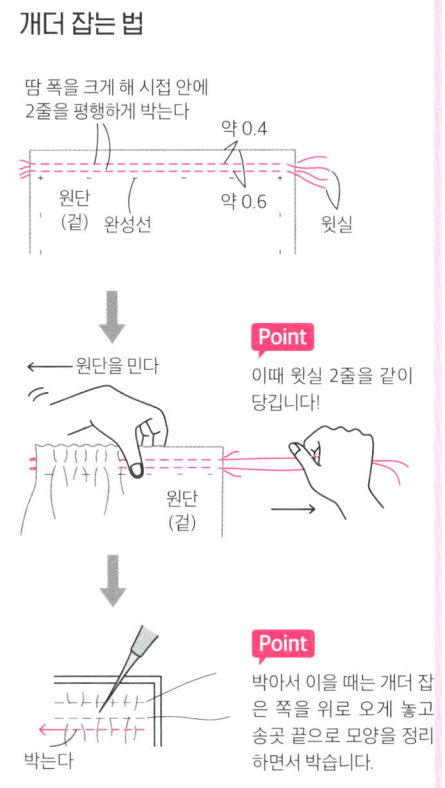

01 티어드 원피스 '프렌치소매'

P.04/실물 크기 패턴 A면

■ 재료
※ 각 치수는 100/110/120/130/140/150 사이즈
겉감 … 면 론 (남색) 폭 105cm×145/165/230/245/255/270cm
접착심(공통) … 10cm×20cm
늘어남 방지 테이프 … 폭 2cm×20cm
플라스틱 똑딱단추 … 지름 13mm 1쌍

※ 스커트 아랫단은 사이즈에 따라 원단 폭(폭 105cm) 안에 다 들어가지 않으므로 올 방향을 가로로 해 재단한다(재단 배치도 참조)

■ 완성 치수
가슴둘레 … 약 75/79/83/87/91/95cm
옷 길이(뒤중심) … 57/63/69/75/82/89cm

재단 배치도
※ 정해진 곳 외의 시접은 1cm
※ ▨는 뒷면에 접착심과 늘어남 방지 테이프를 붙인다

면 론 (남색) 폭 105cm

- 오른쪽 뒤판 1장 (2.8 안단, 0.7, 트임 끝 지점, 1, 1.2)
- 주머닛감 2장 (1.2)
- 목둘레 바이어스감 1장
- 왼쪽 뒤판 1장 (2.8, 2.8, 0.7, 밑덧단, 0, 1.2)
- 앞판 1장 (0.7, 1.2, 골선)

세로 55/60/65/70/75/80cm

+

'스커트 가운뎃단 100~150사이즈'
- 앞스커트 가운뎃단 1장 (작품 01은 1.2, 작품 25는 1, 2, 골선)
- 뒤스커트 가운뎃단 1장

세로 40/45/50/55/60cm

+

'스커트 아랫단 100·110사이즈'
- 앞스커트 아랫단 1장 (작품 01은 1.2, 작품 25는 1, 2, 3.5, 골선)
- 뒤스커트 아랫단 1장 (3.5)

세로 50/60cm
작품 01 폭 105cm
작품 25 폭 110cm

'스커트 아랫단 120~150사이즈'
※ 올 방향을 가로로 해 재단한다
- 뒤스커트 아랫단 1장 (작품 01은 1.2, 작품 25는 1, 3.5)
- 앞스커트 아랫단 1장 (2, 3.5, 골선)

115/120/125/130cm
작품 01 폭 105cm
작품 25 폭 110cm

만드는 순서

1 원단을 재단하고 시접을 다려서 접는다
2 뒤트임을 박는다
3 어깨선을 박는다 (→P.70-3)
4 목둘레를 처리한다
5 스커트에 개더를 잡아서 잇는다
6 몸판과 스커트를 잇는다
7 옆선을 박는다
8 오른쪽 옆선에 주머니를 만든다 (→P.83-6)
9 옆선과 진동둘레 시접을 처리한다 (→P.83-7)
10 밑단을 두 번 접어박는다 (→P.58-4)
11 플라스틱 똑딱단추를 단다

앞 / 뒤

1 원단을 재단하고 시접을 다려서 접는다

- 오른쪽 뒤판 (안): 2.8 안단, 0.5 접는다 (작품 01만), 트임 끝 지점
- 왼쪽 뒤판 (안): 2.8 밑덧단, 0.5 접는다 (작품 01만)
- 스커트 아랫단 (안): 양 옆선을 0.5 접는다 (작품 01만), 밑단을 같은 폭으로 두 번 접는다 (→P.57-1)
- 스커트 가운뎃단 (안): 양 옆선을 0.5 접는다 (작품 01만)
- 목둘레 바이어스감 (안): 0.7 접는다, 가위집이 없는 쪽을 접는다

2 뒤트임을 박는다

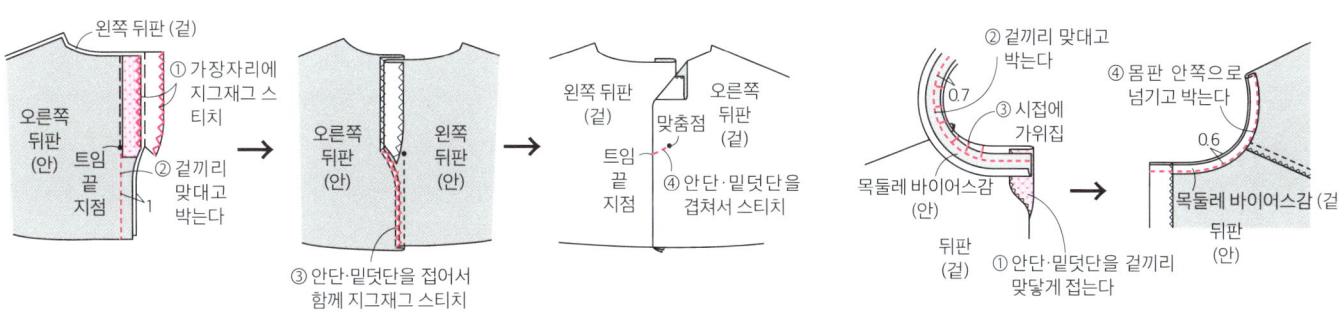

4 목둘레를 처리한다

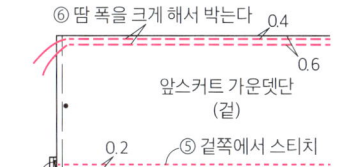

5 스커트에 개더를 잡아서 잇는다

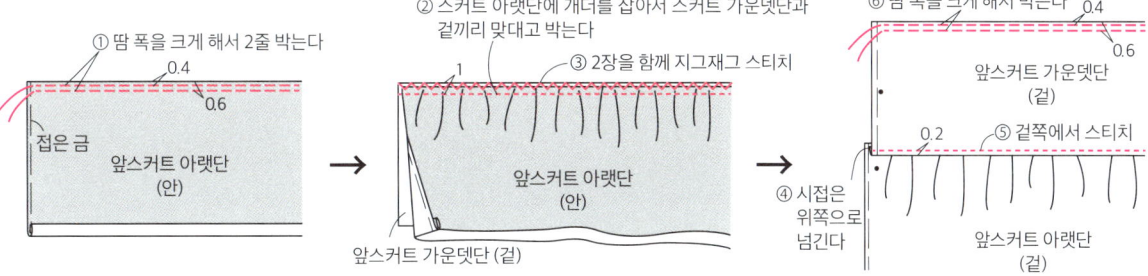

6 몸판과 스커트를 잇는다

7 옆선을 박는다

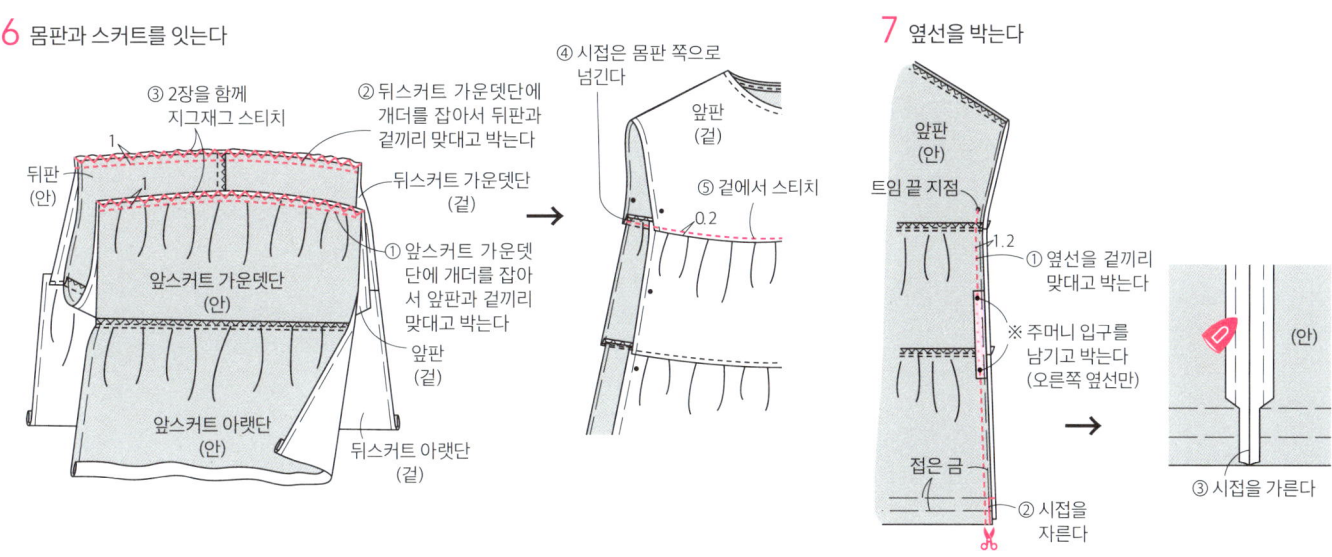

작품 25 티어드 원피스 '긴소매' (→P.52)

6 양 옆선에 주머니를 만든다

25 티어드 원피스 '긴소매'

P.36/실물 크기 패턴 A면

■ 재료
※ 각 치수는 100/110/120/130/140/150 사이즈
겉감 … 얇은 플란넬 (회색) 폭 110cm×150/170/235/250/265/280cm
다른 감 (공통) … 면 론 프린트 50cm×40cm
접착심 (공통) … 10cm×20cm
늘어남 방지 테이프 … 폭 2cm×35cm
단추 … 지름 13mm 1개

■ 완성 치수
가슴둘레 … 약 78.5/82.5/86.5/90.5/94.5/98.5cm
옷 길이(뒤중심) … 약 57/63/69/75/82/89cm
소매 길이 … 26/29/32/35/38/41cm

재단 배치도
※ 정해진 곳 외의 시접은 1cm
※ ▨는 뒷면에 접착심과 늘어남 방지 테이프를 붙인다

얇은 플란넬 (회색) 폭 110cm
60/2.8/65안단/70/75/85/90 cm

트임 끝 지점
오른쪽 뒤판 1장
주머닛감 A 2장
앞판 1장
왼쪽 뒤판 1장
밑덧단
소매 2장
골선

스커트 가운뎃단·아랫단 재단 배치도 (→P.50)

면 론 프린트
목둘레 바이어스감 1장
골선
주머닛감 B 2장
※ 패턴을 뒤집어서 재단
40cm / 폭 50cm

만드는 순서

1. 원단을 재단하고 시접을 다려서 접는다
2. 뒤트임을 박는다 (→P.51-2)
3. 어깨선을 박는다 (→P.70-3)
4. 목둘레를 처리한다 (→P.51-4)
5. 스커트에 개더를 잡아서 잇는다 (→P.51-5)
6. 양 옆선에 주머니를 만든다 (→P.51 하단)
7. 소매를 단다
8. 몸판과 스커트를 잇는다 (→P.51-6)
9. 소매 옆선~몸판 옆선을 박는다
10. 소맷부리와 밑단을 두 번 접어박는다 (소맷부리→P.59-4) (밑단→P.58-4)
11. 단춧구멍을 만들고 단추를 단다

1 원단을 재단하고 다려서 접는다
※ 뒤판의 트임 부분, 스커트 아랫단의 밑단, 목둘레 바이어스감의 처리(→P.50)
소매 (안) 1.5 / 1.5
같은 폭으로 두 번 접는다

7 소매를 단다
앞판 (안) / 뒤판 (안)
① 겉끼리 맞대고 박는다
② 2장을 함께 지그재그 스티치
③ 시접은 몸판 쪽으로 넘긴다
소매 (안)

9 소매 옆선~몸판 옆선을 박는다
소매 (안)
소매 옆선의 모서리만 서로 엇갈리게 넘긴다
앞판 (안) / 접은 금 / 소매 (안)
① 소매 옆선~밑단까지 박는다
주머닛감 A (안)
※ 박을 때 주머니 입구가 말려들지 않도록 주의
접은 금
② 2장을 함께 지그재그 스티치
③ 시접은 몸판 쪽으로 넘긴다
앞스커트 (안) / 뒤스커트 (안)
④ 시접은 뒤쪽으로 넘긴다

06 리본 슈슈

P.10/실물 크기 패턴 D면

■ 재료
겉감 … 면 55cm×25cm
※ 리본과 몸판을 다른 감으로 만들 때는 재단 배치도 참조
접착심 … 35cm×25cm
고무밴드 … 폭 6mm×30cm 1줄
메달 모양 장식(옵션) … 1개

■ 완성 치수
리본 … 약 3.5cm×14cm
몸판 … 지름 약 8cm

재단 배치도

※ 정해진 곳 외의 시접은 1cm
※ 🟪는 뒷면에 접착심을 붙인다

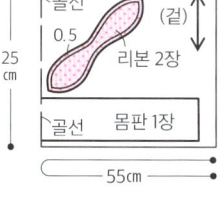

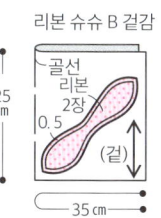

만드는 순서

1 원단을 재단한다

2 리본을 만든다

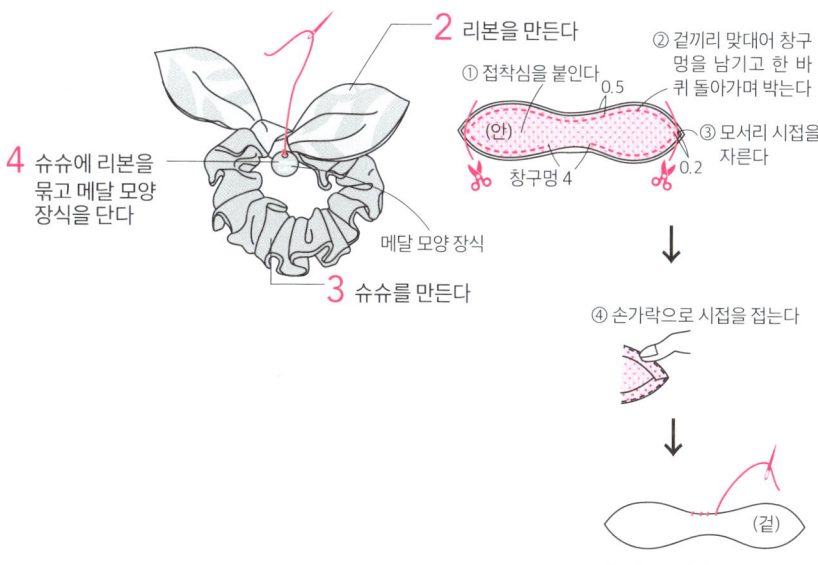

① 접착심을 붙인다
② 겉끼리 맞대어 창구멍을 남기고 한 바퀴 돌아가며 박는다
③ 모서리 시접을 자른다
창구멍 4

④ 손가락으로 시접을 접는다
⑤ 겉으로 뒤집고 창구멍을 감친다

4 슈슈에 리본을 묶고 메달 모양 장식을 단다

3 슈슈를 만든다

메달 모양 장식

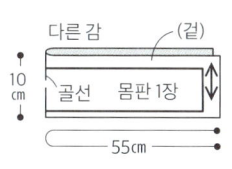

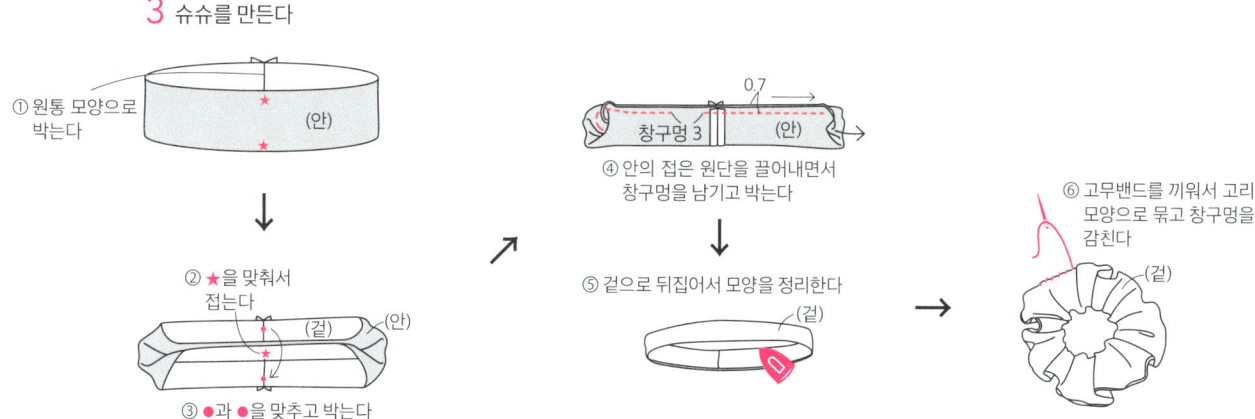

3 슈슈를 만든다

① 원통 모양으로 박는다

② ★을 맞춰서 접는다
③ ●과 ●을 맞추고 박는다

④ 안의 접은 원단을 끌어내면서 창구멍을 남기고 박는다
창구멍 3

⑤ 겉으로 뒤집어서 모양을 정리한다

⑥ 고무밴드를 끼워서 고리 모양으로 묶고 창구멍을 감친다

34 쇼트 스누드·롱 스누드

P.44·45 실물 크기 패턴 F면

■ 재료
쇼트 스누드 겉감 … 평직 니트 (남색 별무늬) 폭 125cm×50cm
롱 스누드   겉감 … 평직 니트 (흰색 별무늬) 폭 165cm×50cm
끼움라벨(옵션/공통) … 1개

■ 완성 치수
쇼트 스누드 … 약 24cm×23cm
롱 스누드 … 약 24cm×59cm

재단 배치도

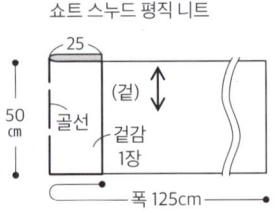

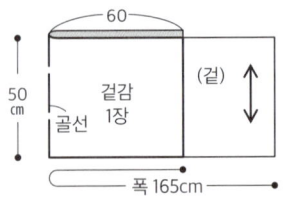

만드는 순서 (쇼트 스누드)

1 원단을 재단한다

2 반으로 접어서 박는다

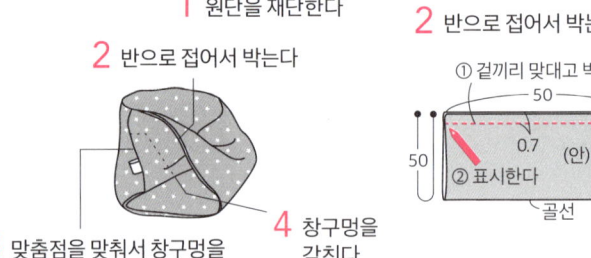

3 맞춤점을 맞춰서 창구멍을 남기고 박는다

4 창구멍을 감친다

만드는 순서 (롱 스누드)

1 원단을 재단한다

2 긴 변을 박는다

3 짧은 변을 박는다

4 창구멍을 감친다

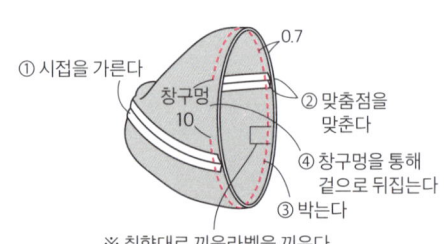

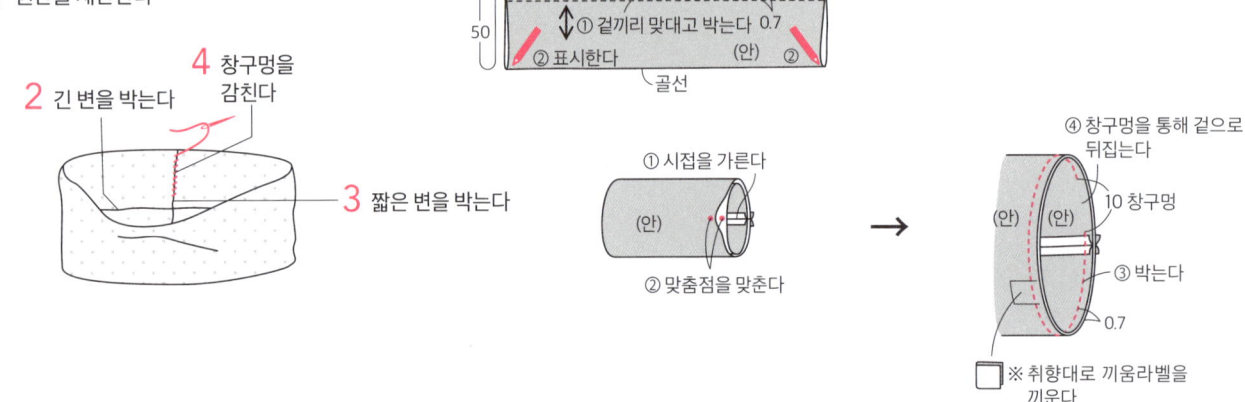

02 둥근 밑단 티셔츠

P.06/실물 크기 패턴 A면

■ 재료
※ 각 치수는 100/110/120/130/140/150 사이즈
겉감 … 20쌍수 평직 니트 (분홍색 줄무늬) 폭 140cm×50/50/55/60/60/65cm
다른 감 … 스판 후라이스 (분홍색 민무늬) 폭 45cmW×10cm
늘어남 방지 테이프 … 폭 1cm×40cm
라벨(옵션) … 1개
끼움라벨(옵션) … 1개

■ 완성 치수
가슴둘레 … 약 63.5/67.5/71.5/75.5/79.5/83.5cm
옷 길이 … 약 42.3/45.3/48.3/51.3/54.3/57.3cm

재단 배치도

※ 정해진 곳 외의 시접은 0.7cm
※ ▨는 뒷면에 늘어남 방지 테이프를 붙인다

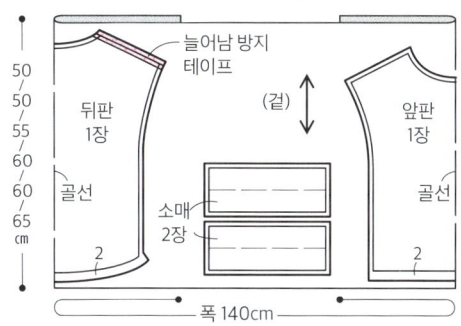

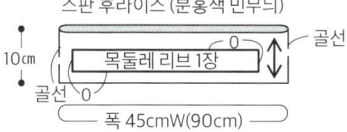

만드는 순서

1 원단을 재단하고 시접을 다려서 접는다
3 목둘레 리브를 만들어서 몸판에 단다
2 어깨선을 박는다
5 소매를 만들어서 단다
4 옆선을 박는다
6 밑단을 처리한다

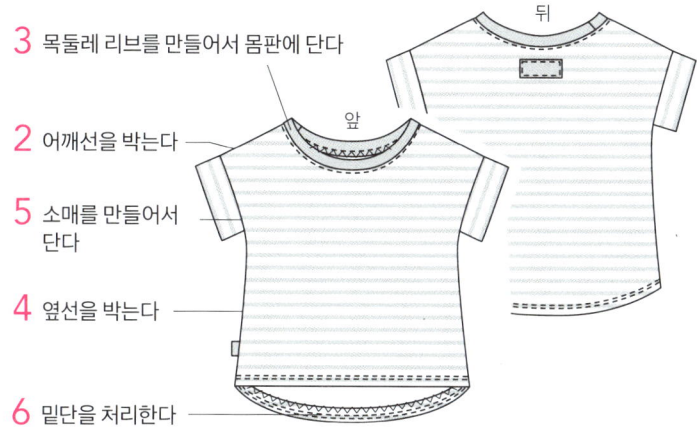

1 원단을 재단하고 시접을 다려서 접는다

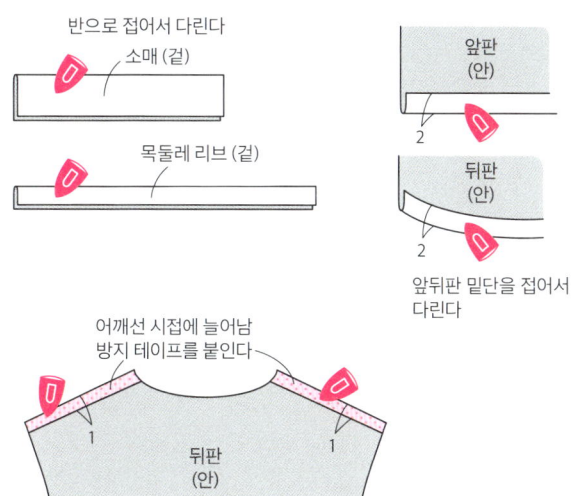

2 어깨선을 박는다

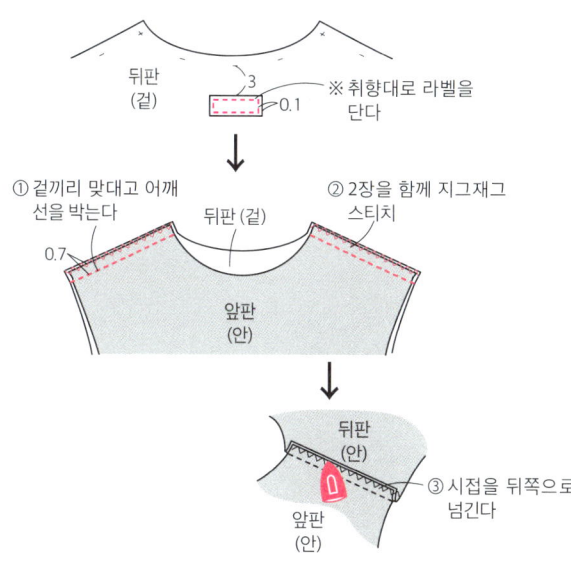

3 목둘레 리브를 만들어서 몸판에 단다

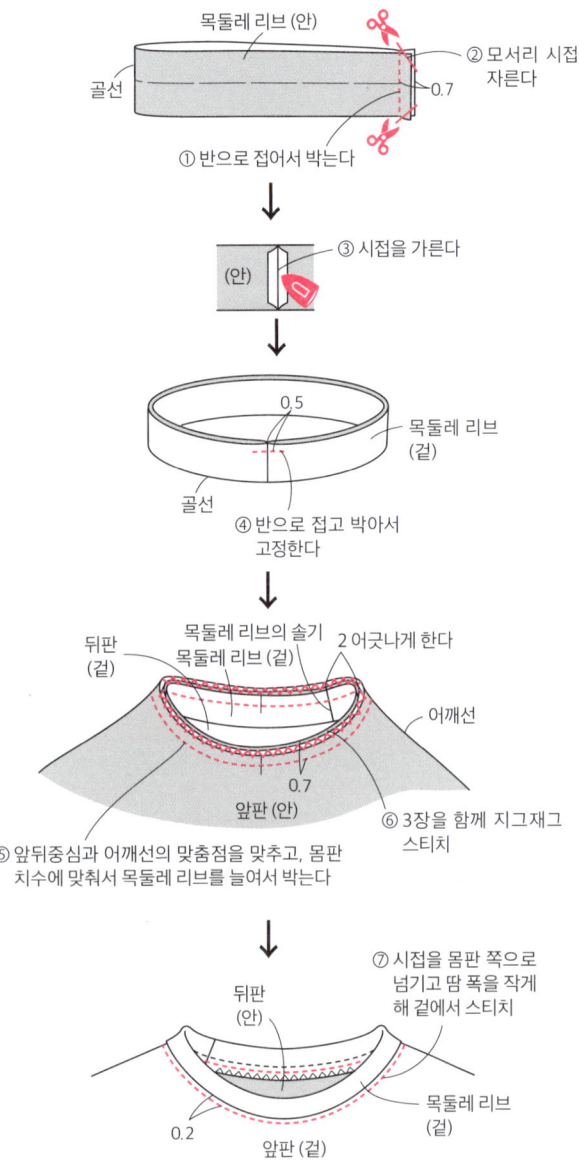

4 옆선을 박는다

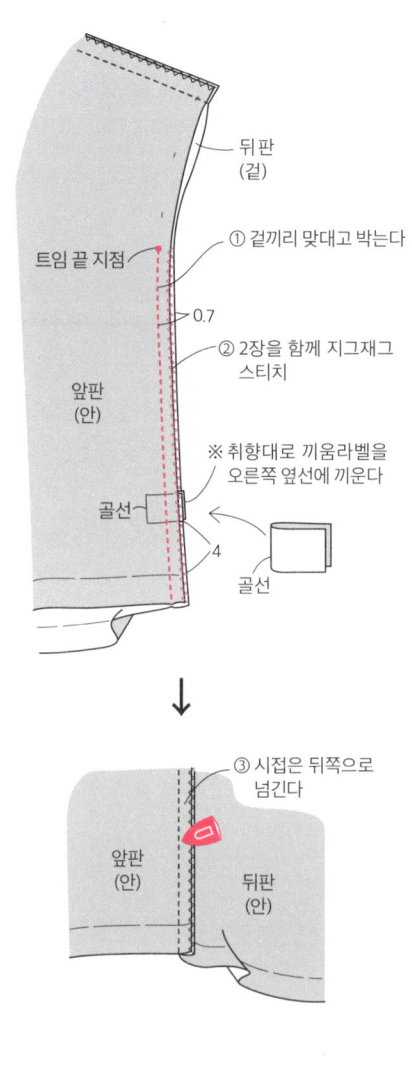

5 소매를 만들어서 단다

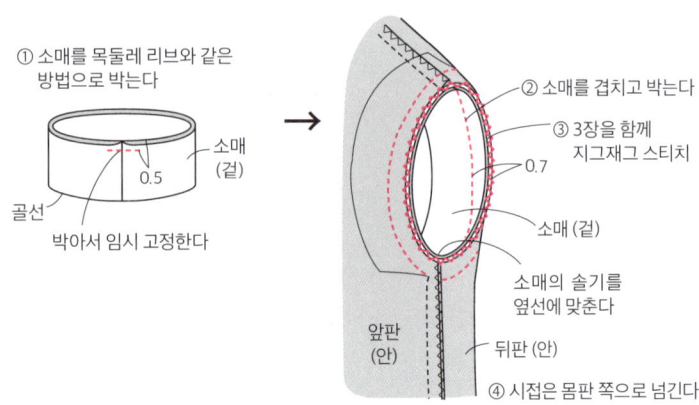

6 밑단을 처리한다

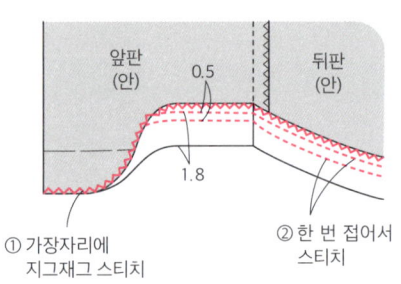

03 고무밴드 스커트 & 속바지

P.06/실물 크기 패턴 A면

■ 재료
※ 각 치수는 100/110/120/130/140/150 사이즈
고무밴드 스커트(→P.7 왼쪽)
겉감 … 리넨 (산호색 민무늬) 폭 110cm×110/115/120/125/130/135cm
고무밴드 스커트(→P.7 오른쪽)
겉감 … 면 론 프린트 폭 125cm×110/115/120/125/130/135cm
늘어남 방지 테이프 … 폭 2cm×20cm
고무밴드 … 폭 6mm×42/45/48/51/54/57cm 5줄
속바지(→P.7 왼쪽)
겉감 … 리넨 (산호색 민무늬) 폭 110cm×40/40/40/40/70/80cm

속바지(→P.7 오른쪽)
겉감 … 면 (분홍색 민무늬) 폭 110cm×40/40/40/40/70/80cm
리본 … 폭 0.4cm×약 10cm
고무밴드 … 폭 6mm×42/45/48/51/54/57cm 1줄

■ 완성 치수
스커트 길이 … 약 30/33/36/39/42/45cm
팬츠 길이 … 20.5/22/23.5/25/26.5/28cm

재단 배치도 (고무밴드 스커트)
※ 정해진 곳 외의 시접은 1cm
※ ▨ 는 뒷면에 늘어남 방지 테이프를 붙인다

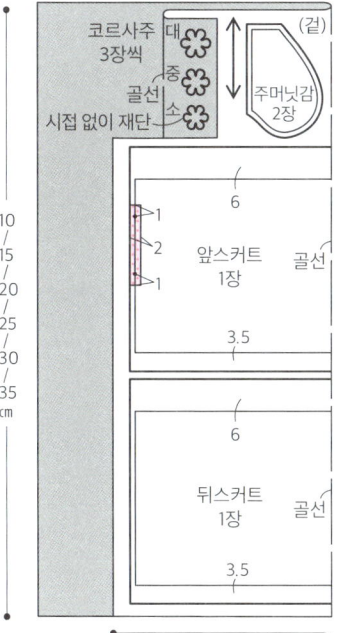

만드는 순서

1 원단을 재단하고 시접을 다려서 접는다
2 오른쪽 옆선에 주머니를 만든다
3 옆선을 박는다
4 밑단을 두 번 접어박는다
5 허리를 처리하고 고무밴드를 끼운다
6 코르사주를 만들어서 단다 (→P.87-9)

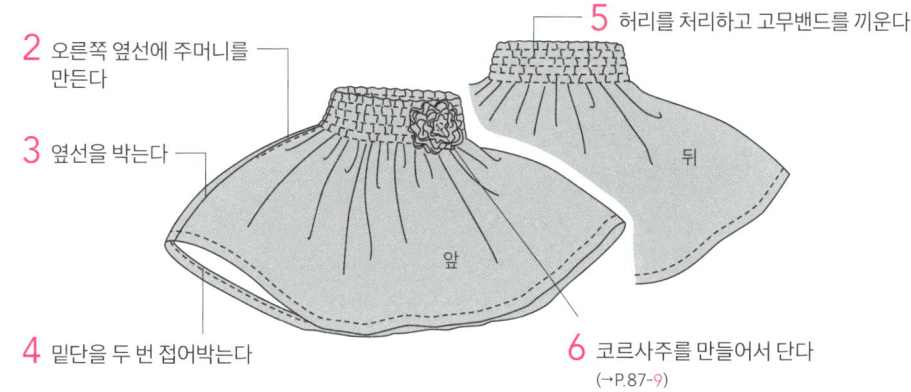

1 원단을 재단하고 시접을 다려서 접는다

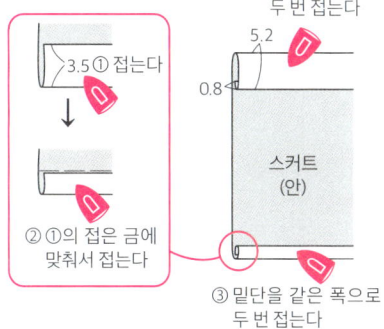

2 오른쪽 옆선에 주머니를 만든다

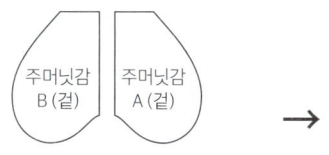

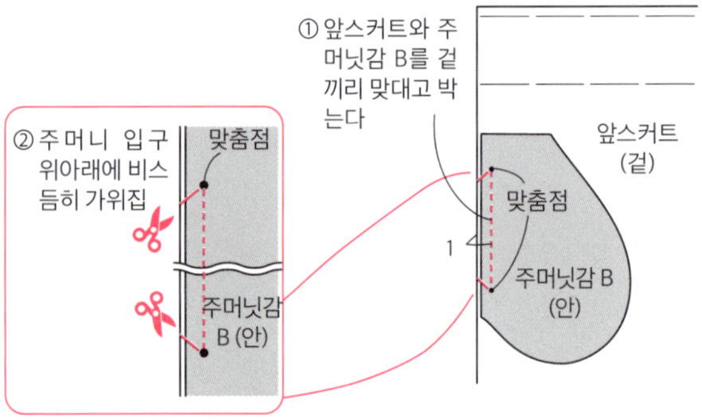

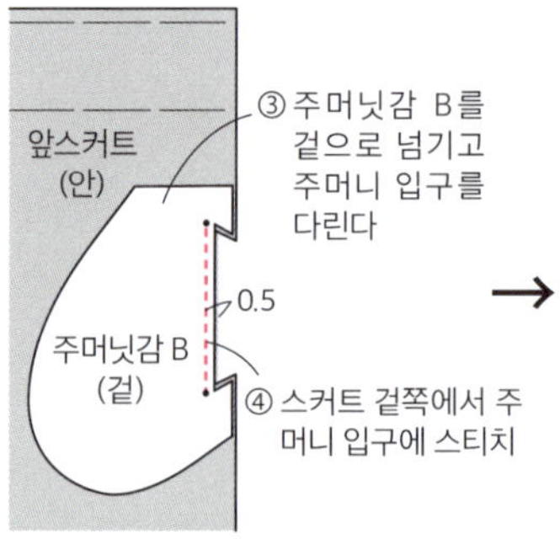

① 앞스커트와 주머닛감 B를 겉끼리 맞대고 박는다

② 주머니 입구 위아래에 비스듬히 가위집

맞춤점
앞스커트 (겉)
주머닛감 B (안)

③ 주머닛감 B를 겉으로 넘기고 주머니 입구를 다린다

앞스커트 (안)
주머닛감 B (겉)
0.5

④ 스커트 겉쪽에서 주머니 입구에 스티치

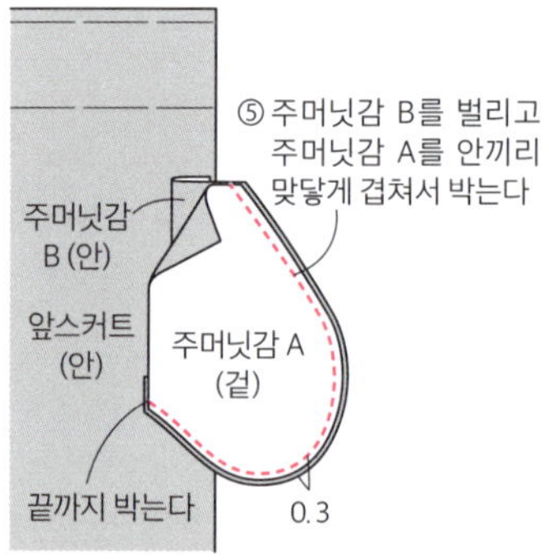

⑤ 주머닛감 B를 벌리고 주머닛감 A를 안끼리 맞닿게 겹쳐서 박는다

주머닛감 B (안)
앞스커트 (안)
주머닛감 A (겉)
끝까지 박는다
0.3

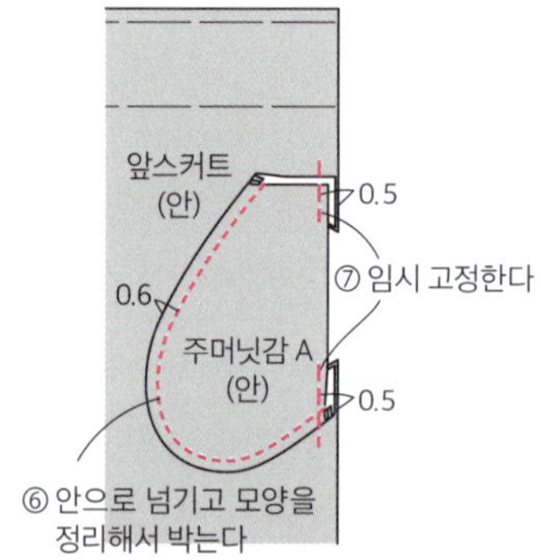

3 옆선을 박는다

뒤스커트 (겉)
앞스커트 (안)

① 겉끼리 맞대고 옆선을 박는다

0.8
0.2
0.2

고무밴드 끼우는 구멍을 남긴다

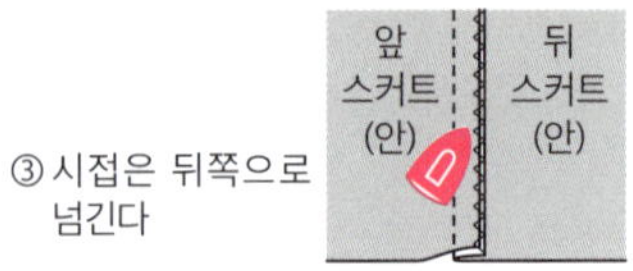

※ 박을 때 주머니 입구가 말려들지 않도록 주의

주머닛감 A (안)

② 2장을 함께 지그재그 스티치

③ 시접은 뒤쪽으로 넘긴다

앞스커트 (안) / 뒤스커트 (안)

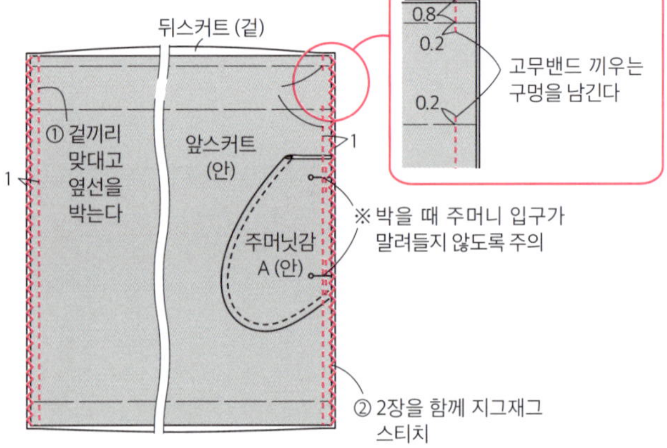

4 밑단을 두 번 접어박는다

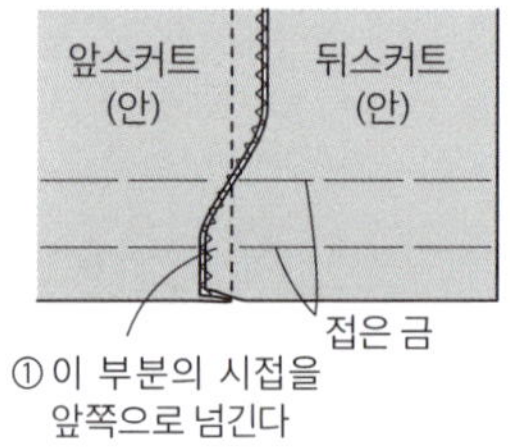

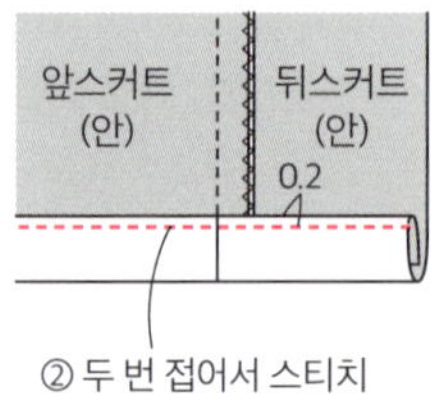

앞스커트 (안) 뒤스커트 (안)
접은 금

① 이 부분의 시접을 앞쪽으로 넘긴다

앞스커트 (안) 뒤스커트 (안)
0.2

② 두 번 접어서 스티치

0.5
⑦ 임시 고정한다
앞스커트 (안)
0.6
주머닛감 A (안)
0.5

⑥ 안으로 넘기고 모양을 정리해서 박는다

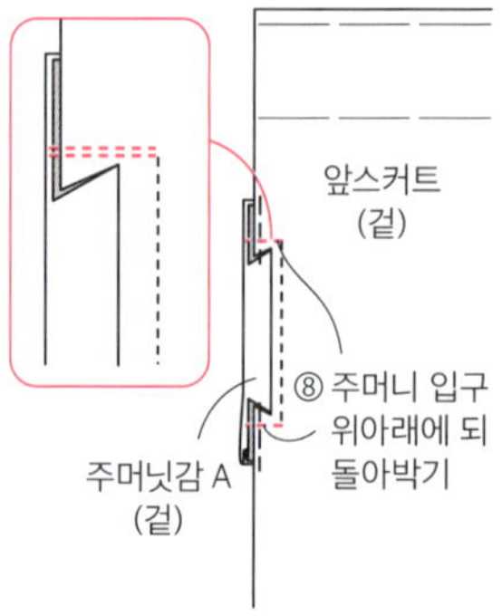

앞스커트 (겉)
⑧ 주머니 입구 위아래에 되돌아박기
주머닛감 A (겉)

5 허리를 처리하고 고무밴드를 끼운다

② 스티치
0.5 0.5
① 시접에 가위집을 넣어서 벌린다
앞스커트 (안) 뒤스커트 (안)

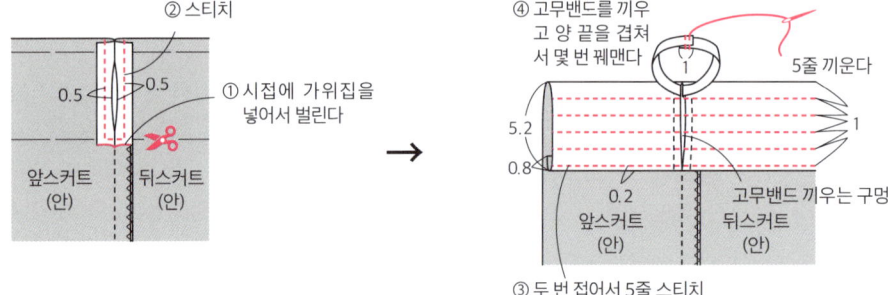

④ 고무밴드를 끼우고 양 끝을 겹쳐서 몇 번 꿰맨다
5줄 끼운다
5.2
1
0.8
0.2
앞스커트 (안) 고무밴드 끼우는 구멍 뒤스커트 (안)

③ 두 번 접어서 5줄 스티치

재단 배치도 (속바지)

※ 정해진 곳 외의 시접은 1cm

P.7 왼쪽 리넨 (산호색 민무늬) 폭 110cm
P.7 오른쪽 면 (분홍색 민무늬) 폭 110cm

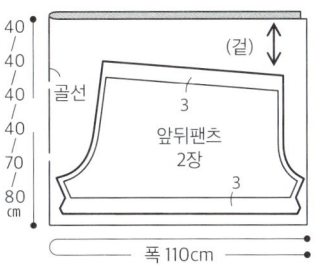

만드는 순서

1 원단을 재단하고 시접을 다려서 접는다
2 밑위를 박고 고무밴드 끼우는 구멍을 박는다
3 밑아래를 박는다 (→P.75-6)
4 밑단을 두 번 접어박는다
5 허리를 처리하고 고무밴드를 끼운다
6 앞중심에 리본을 단다

1 원단을 재단하고 시접을 다려서 접는다

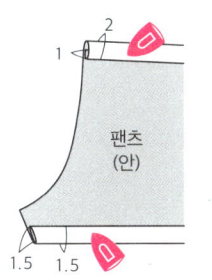

허리와 밑단을 두 번 접는다

2 밑위를 박고 고무밴드 끼우는 구멍을 박는다

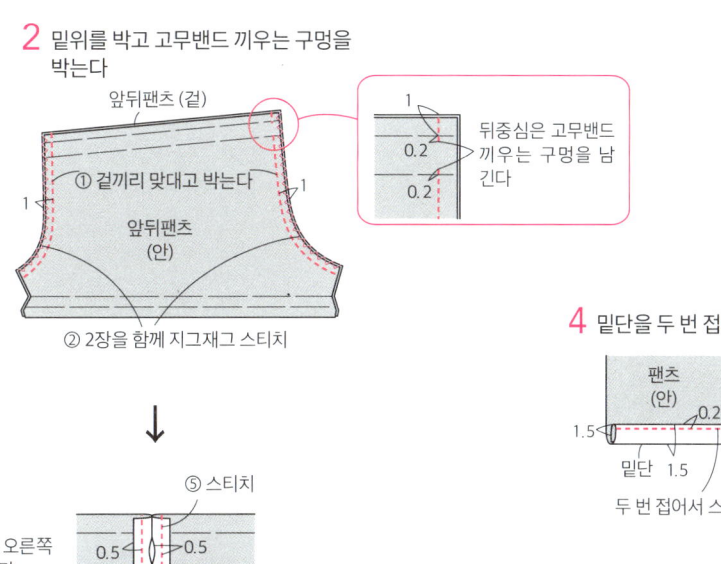

4 밑단을 두 번 접어박는다

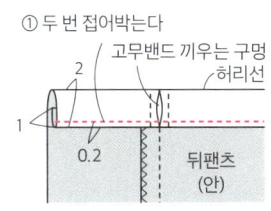

5 허리를 처리하고 고무밴드를 끼운다

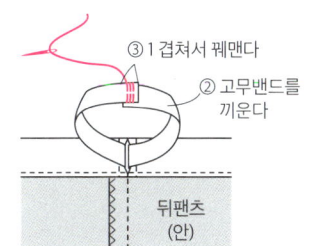

04 밴드칼라 셔츠 '반소매'

P.08/실물 크기 패턴 B면

■ 재료
※ 각 치수는 100/110/120/130/140/150 사이즈
겉감 … 워싱 가공 얇은 면 (연한 베이지) 폭 105cm×110/115/120/125/130/135cm
접착심 … 15cm×45cm
단추 … 지름 11.5mm 5개
라벨(옵션) … 1개
끼움라벨(옵션) … 1개

■ 완성 치수
가슴둘레 … 약 91/95/99/103/107/111cm
옷 길이(뒤중심) … 42.5/45.5/48.5/51.5/54.5/57.5cm
소매 길이 … 9.5/10.5/11.5/12.5/13.5/14.5cm

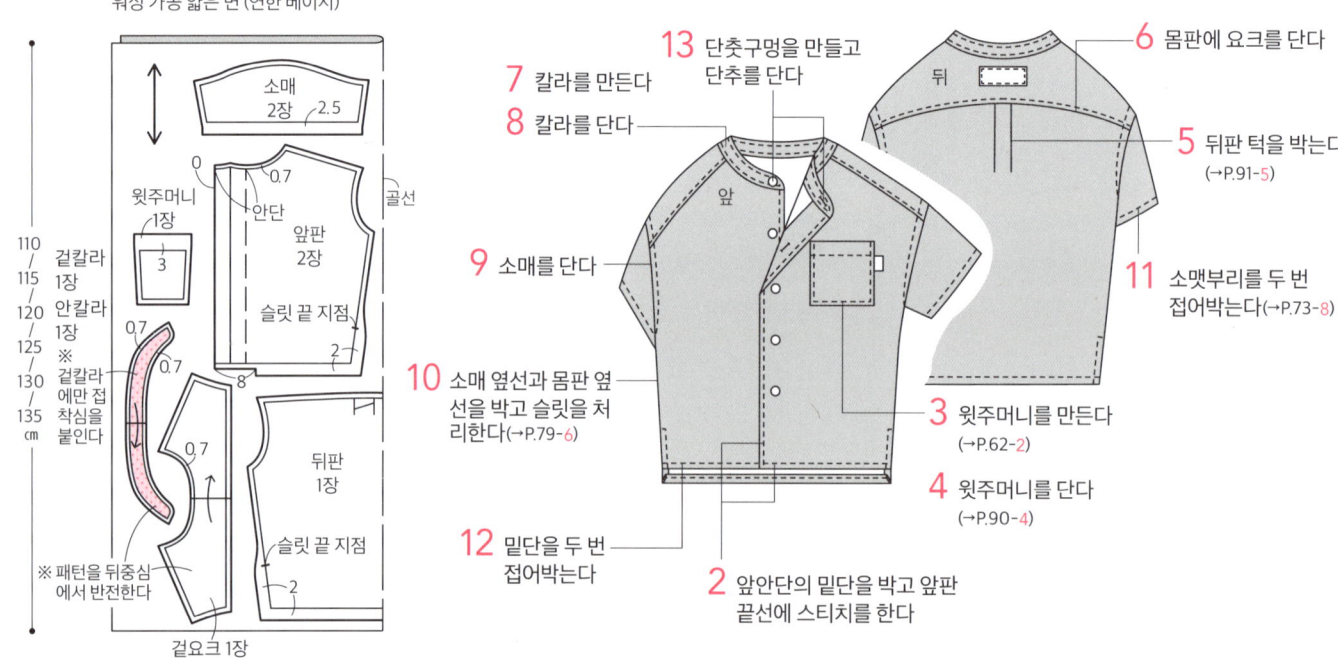

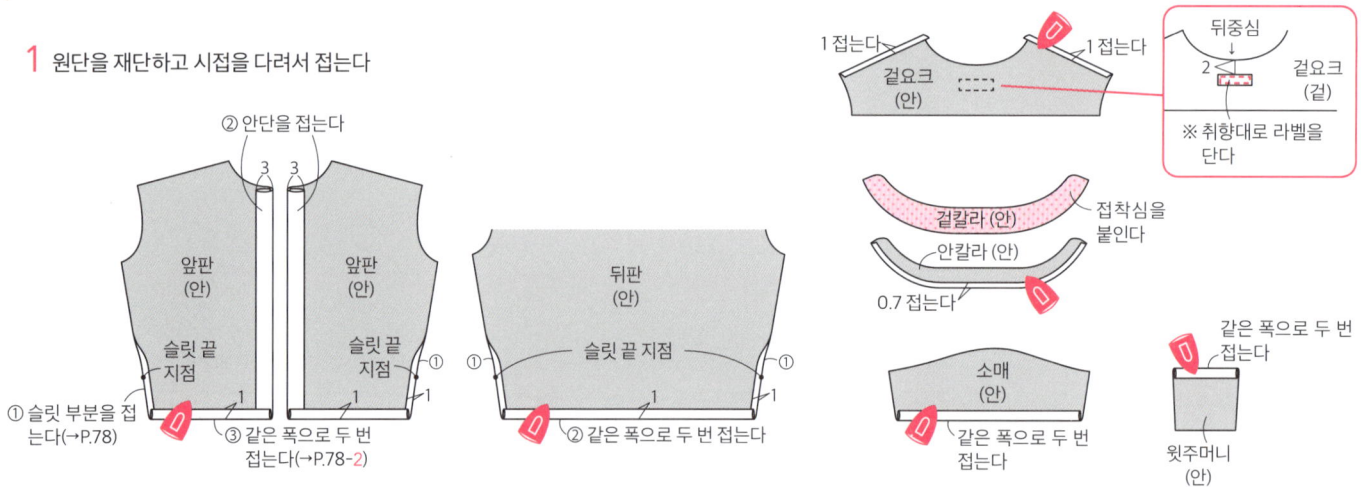

2 앞안단의 밑단을 박고 앞판 끝선에 스티치를 한다

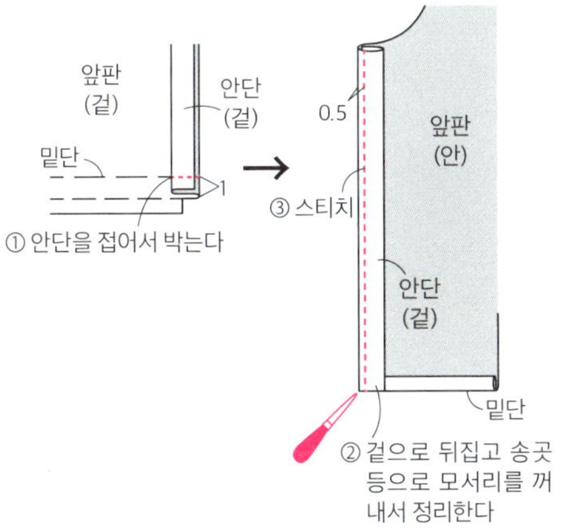

6 몸판에 요크를 단다

7 칼라를 만든다

8 칼라를 단다

9 소매를 단다

12 밑단을 두 번 접어박는다

두 번 접어서 스티치
※ 뒤판 밑단도 같은
방법으로 박는다

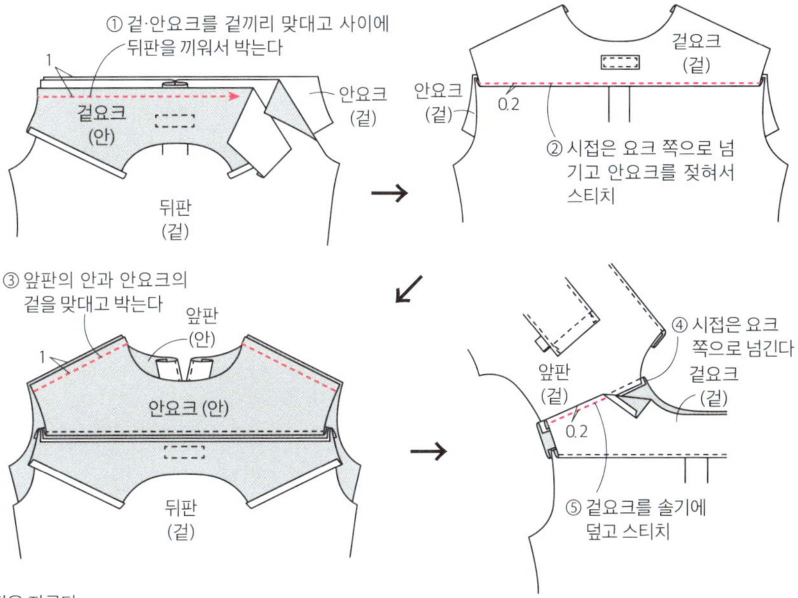

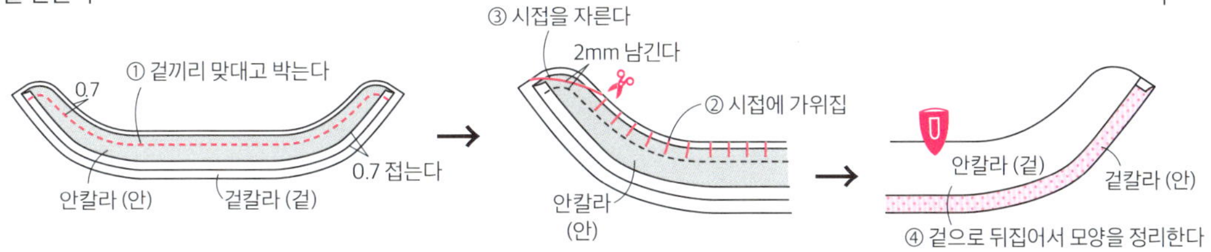

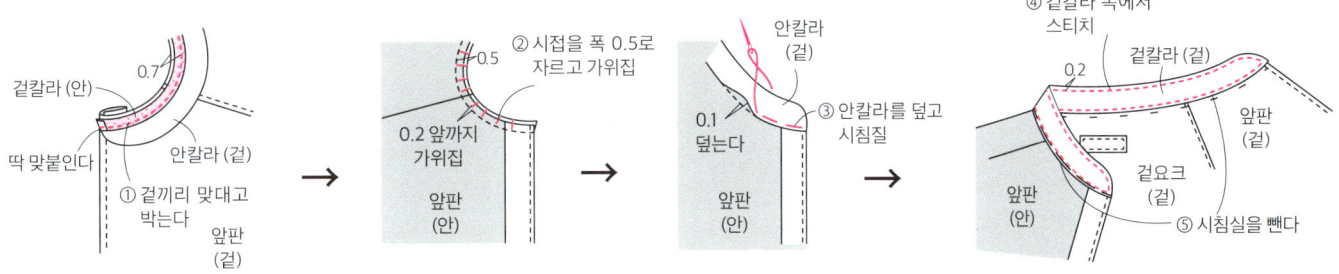

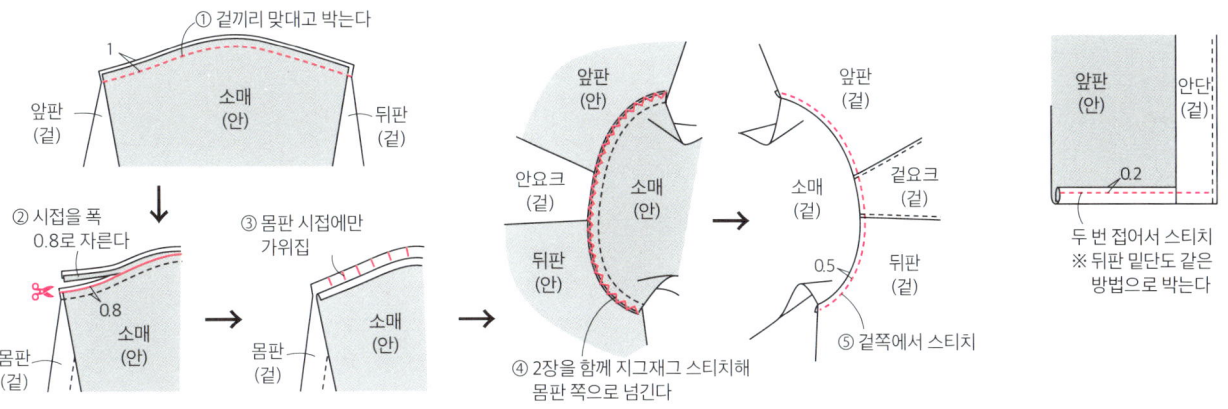

05·17·23 스트레이트 팬츠 '발목 길이·무릎길이·롱 길이'

P.08·24·32 / 실물 크기 패턴 C면

■ 재료

※ 각 치수는 100/110/120/130/140/150 사이즈

작품 05 겉감 … 중간 두께 면 (차콜그레이) 폭 110cm×100 / 115 / 130 / 145 / 160 / 170cm

작품 17 겉감 … 중간 두께 리넨 (베이지) 폭 110cm×90/90/95/95/100/100cm

작품 23 겉감 … 플란넬 (베이지) 폭 105cm×110/125/140/160/175/185cm

다른 감(공통) … 면 브로드클로스 (베이지) 40cm×30cm

늘어남 방지 테이프(공통) … 폭 2cm×35cm

고무밴드(공통) … 폭 2cm×42/45/48/51/54/57cm

라벨(옵션/공통) … 1개

끼움라벨(옵션/공통) … 1개

■ 완성 치수

허리둘레(공통) … 72/76/80/84/88/92cm

팬츠 길이(발목 길이) … 약 51/57/63/69/75/81cm

팬츠 길이(무릎 길이) … 약 36/37/38/39/40/41cm

팬츠 길이(롱 길이) … 약 58/64/70/76/82/88cm

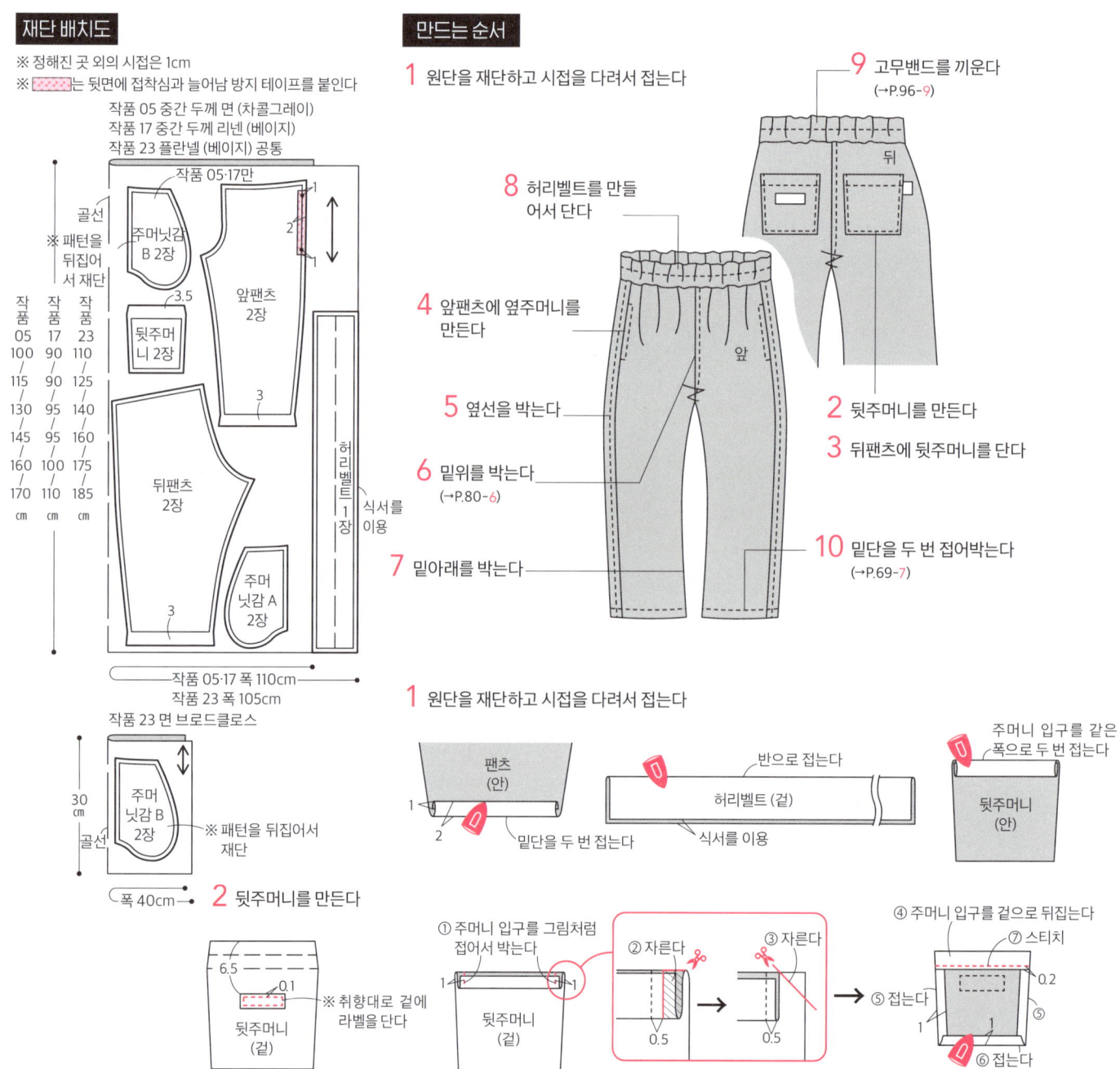

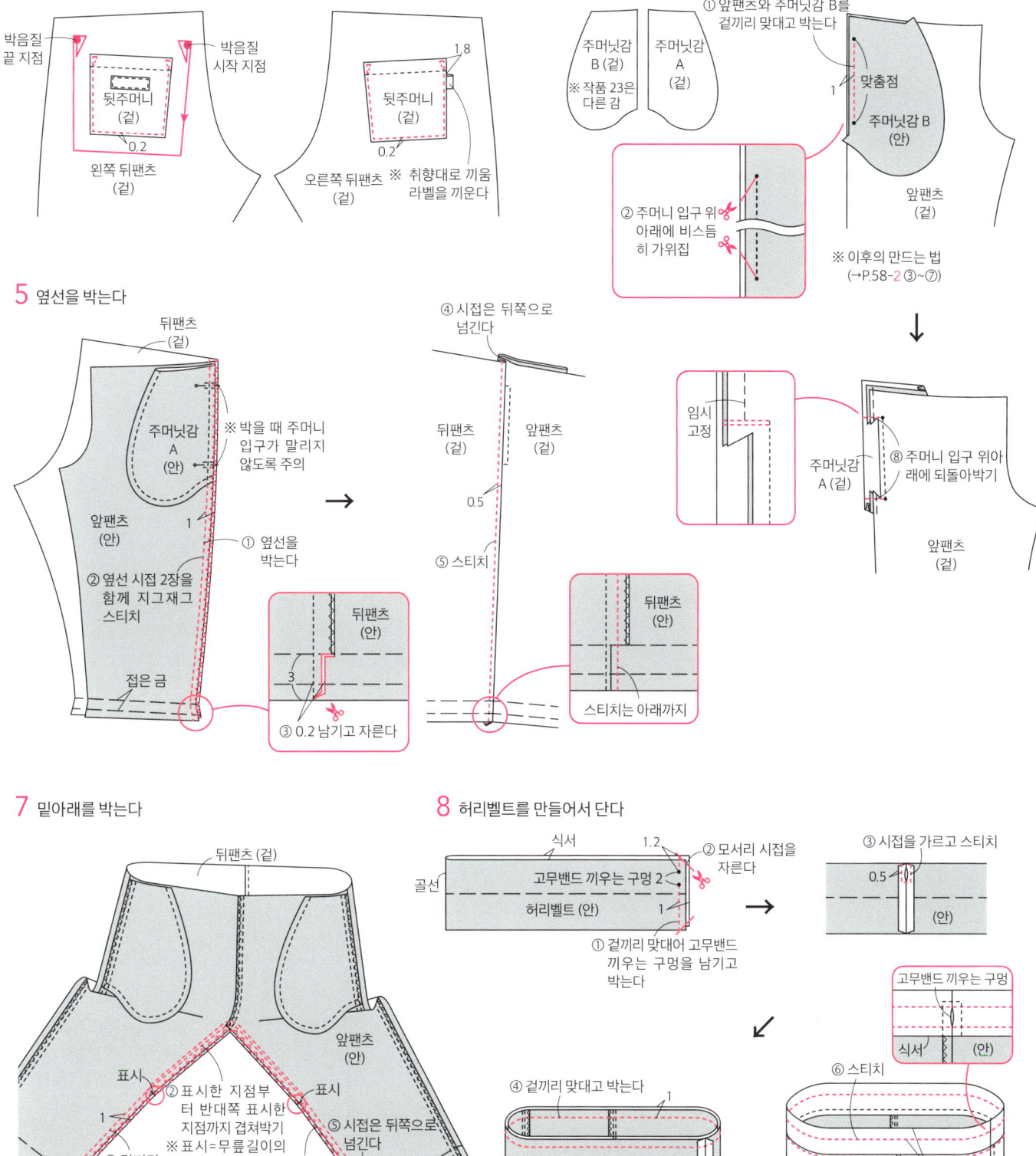

07 셔링 원피스

P.10/실물 크기 패턴 A면

■ 재료
※ 각 치수는 100/110/120/130/140/150 사이즈
P.11(오른쪽) 겉감 … 면 프린트 폭 100cm×100/115/130/145/160/175cm
다른 감 … 컬러 민무늬 폭 100cm×68/70/72/74/76/78cm
P.11(왼쪽) 겉감 … 리넨 (크림민트 민무늬) 폭 100cm×105/120/135/150/165/180cm
다른 감 … 프린트무늬 20cm×10cm
늘어남 방지 테이프(공통) … 폭 2cm×35cm

고무밴드(공통) … 폭 6mm×52/55/58/61/64/67cm 5줄
라벨(옵션/공통) … 1개

■ 완성 치수
가슴둘레(고무밴드 부분) … 약 50/53/56/59/62/65cm
옷 길이(위 가장자리~밑단) … 약 44/50/56/62/68/74cm

재단 배치도

※ 정해진 곳 외의 시접은 1cm
※ ▨▨는 뒷면에 늘어남 방지 테이프를 붙인다

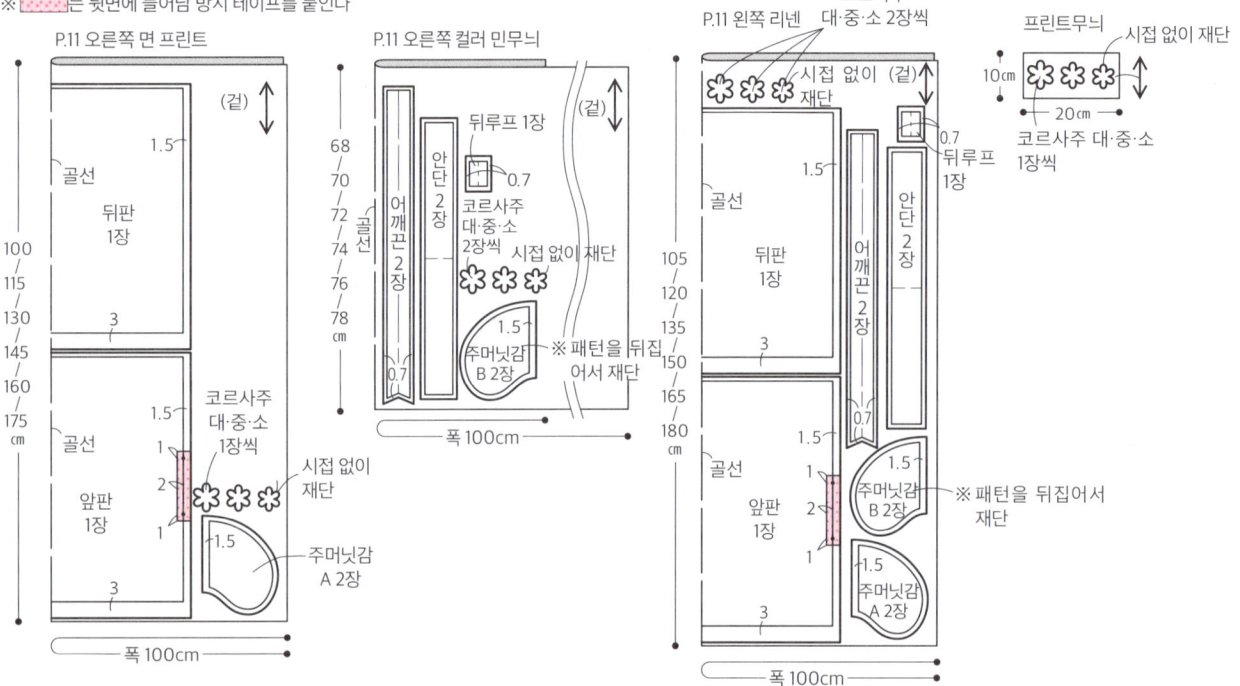

만드는 순서

1 원단을 재단하고 시접을 다려서 접는다
2 주머니를 달고 옆선을 박는다
3 밑단을 두 번 접어박는다
4 안단을 박는다
5 어깨끈과 뒤루프를 만든다
6 어깨끈·뒤루프를 임시 고정하고 안단을 단다
7 고무밴드를 끼운다 (→P.58 - 5)
8 코르사주를 만든다 (→P.87 - 9)

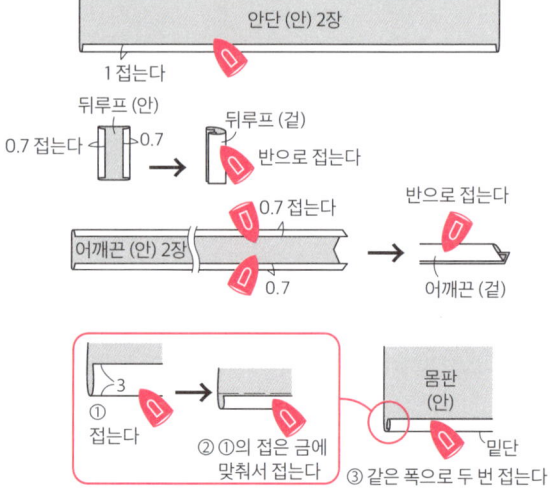

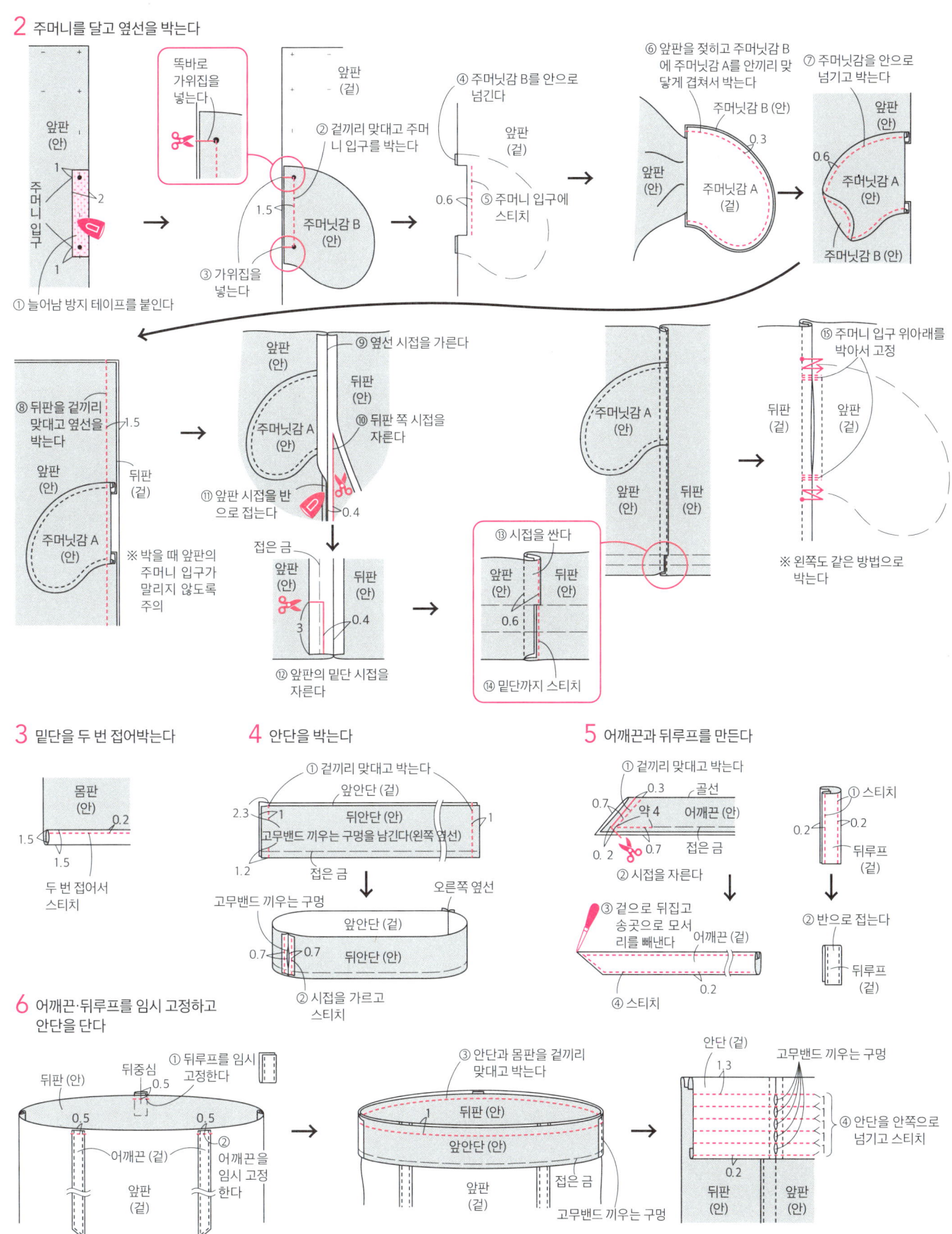

08 쇼트 콩비네종

P.12/실물 크기 패턴 D면

■ 재료
※ 각 치수는 100/110/120/130/140/150 사이즈
겉감 … 시팅 프린트 (솔레이아드 무늬) 폭 110cm×110/125/140/155/175/185cm
다른 감 … 면 브로드클로스 (분홍색 민무늬) 폭 110cm×30cm
접착심 … 30cm×30cm
고무밴드 … 폭 2cm×50/53/56/59/62/65cm

단추 … 지름 10mm 5개
라벨(옵션) … 2개

■ 완성 치수
가슴둘레 … 약 70.5/74/77.5/81/83/88cm
옷 길이(뒤중심의 옷깃~밑단) … 약 55.5/60/64.5/69/74/79cm

재단 배치도
※ 정해진 곳 외의 시접은 1cm
※ 분홍 부분은 뒷면에 접착심을 붙인다

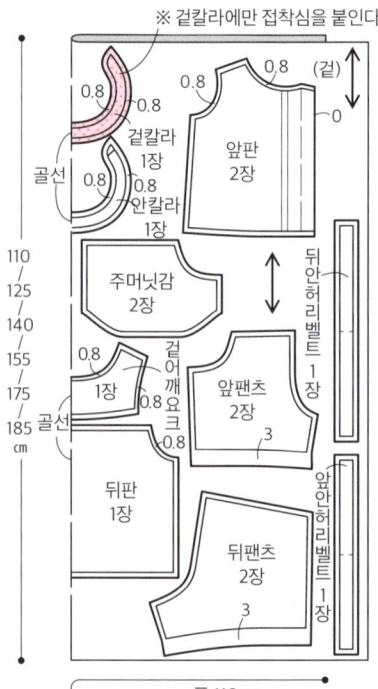

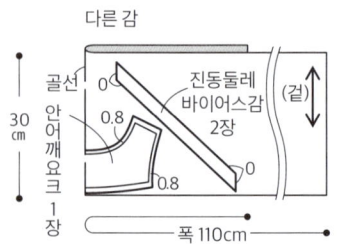

만드는 순서

1·2·3은 작품 24 롱 콩비네종(→P.68)과 같다

5 칼라를 만들어서 단다
4 앞판에 어깨요크를 단다
7 진동둘레를 처리한다
6 몸판 옆선을 박는다 (→P.88-3)
13 단춧구멍을 만들고 단추를 단다
8 앞팬츠에 주머니를 단다
9 밑위·밑아래·옆선을 박는다
10 밑단을 두 번 접어박는다 (→P.69-7)
12 고무밴드를 끼운다
11 허리벨트를 만들고 몸판과 팬츠를 잇는다

4 앞판에 어깨요크를 단다

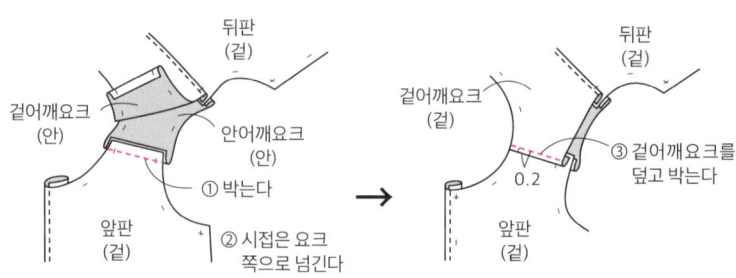

5 칼라를 만들어서 단다

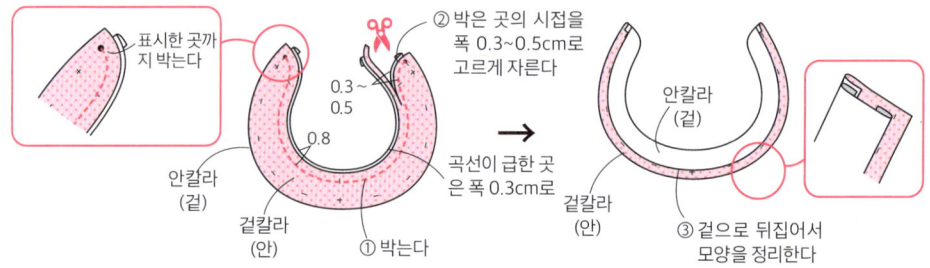

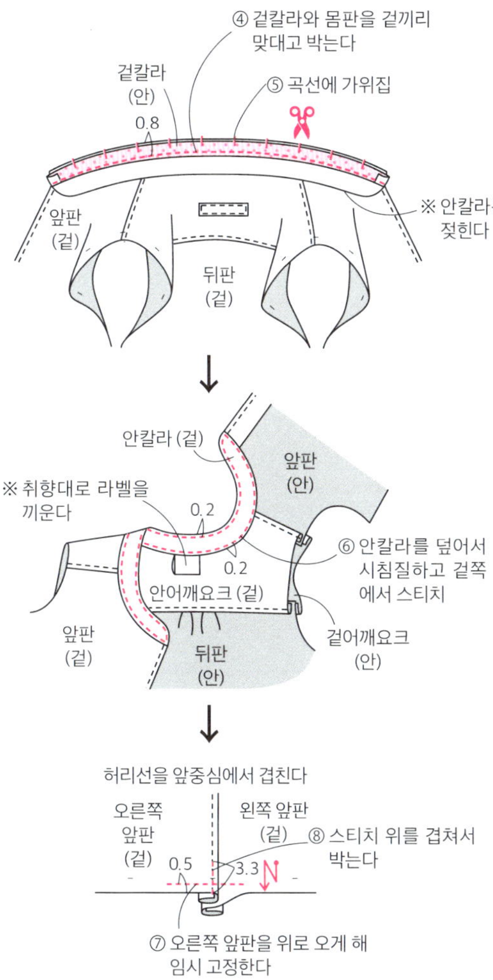

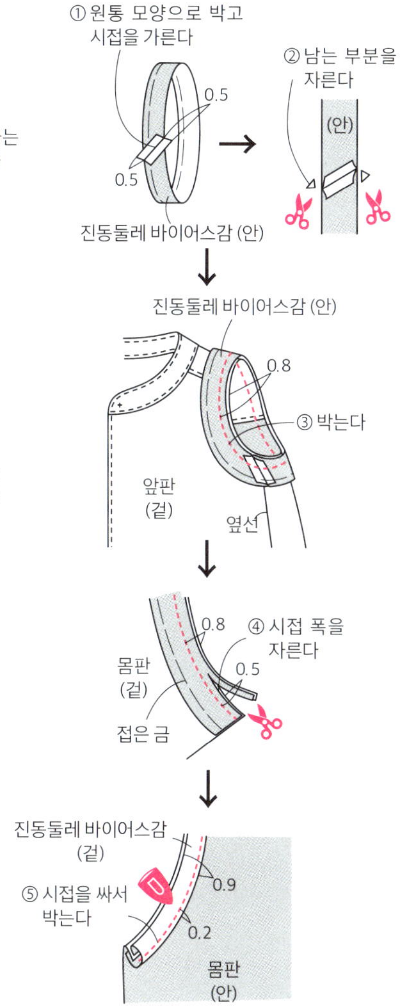

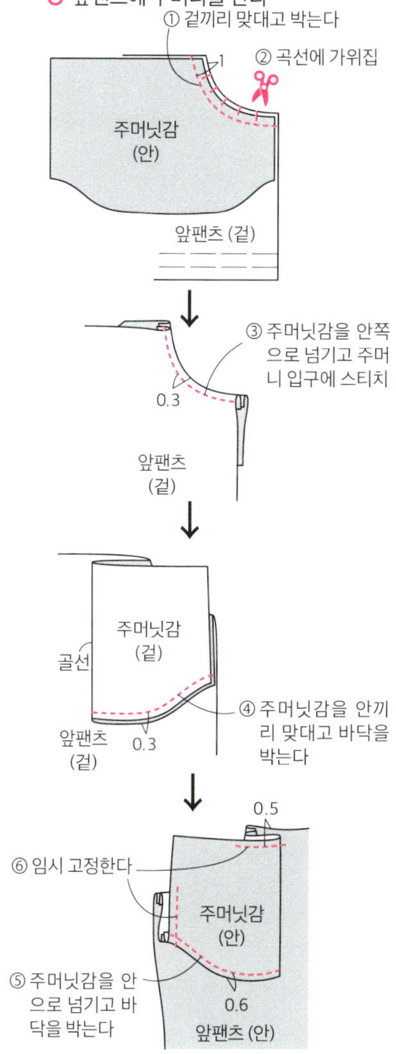

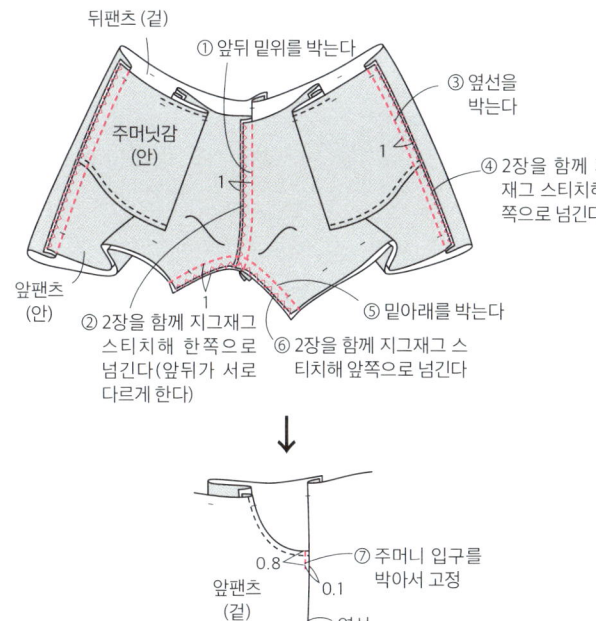
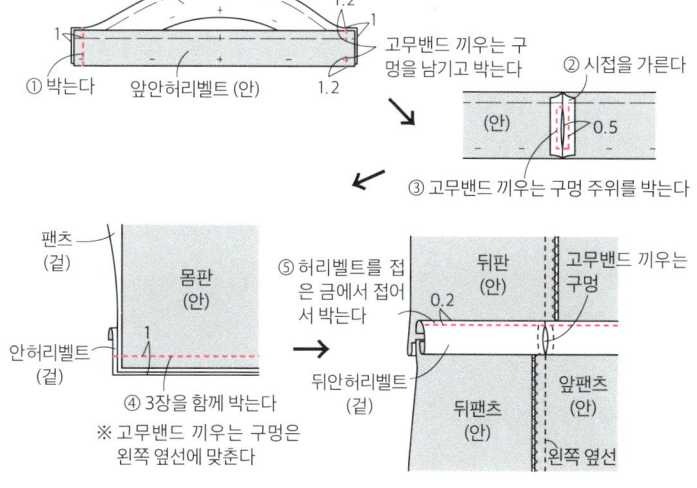

24 롱 콩비네종

P.34/실물 크기 패턴 D면

■ 재료
※ 각 치수는 100/110/120/130/140/150 사이즈
겉감 … 가는 골 코듀로이 (청록색 민무늬) 폭 105cm×170 / 180 / 195 / 210 / 225 / 235cm
다른 감 … 면 브로드클로스 (청록색 민무늬) 폭 110cm×30cm
접착심 … 30cm×30cm
고무밴드 … 폭 2cm×50/53/56/59/62/65cm

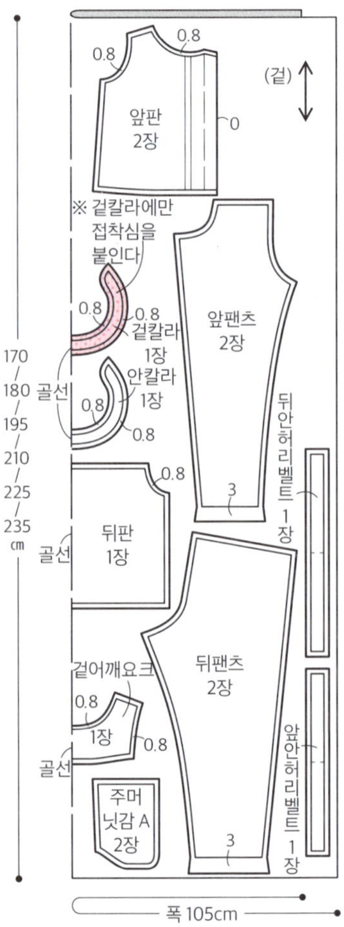

단추 … 지름 10mm 5개
라벨(옵션) … 2개

■ 완성 치수
가슴둘레 … 약 70.5/74/75/81/83/88cm
옷 길이(뒤중심의 옷깃~밑단) … 약 92/99.5/107/114.5/122/130cm

재단 배치도
※ 정해진 곳 외의 시접은 1cm
※ ▨는 뒷면에 접착심을 붙인다

만드는 순서

1·2·3·8 외에는 작품 08 쇼트 콩비네종(→P.66-67)과 같다

1 원단을 재단하고 시접을 다려서 접는다

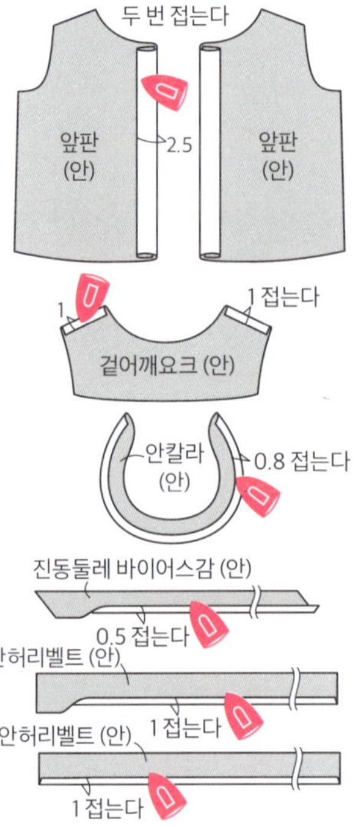

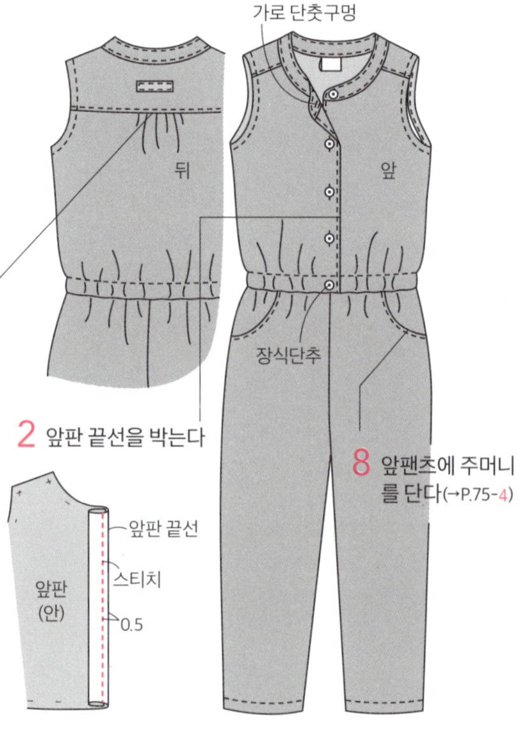

2 앞판 끝선을 박는다

3 뒤판에 어깨요크를 단다

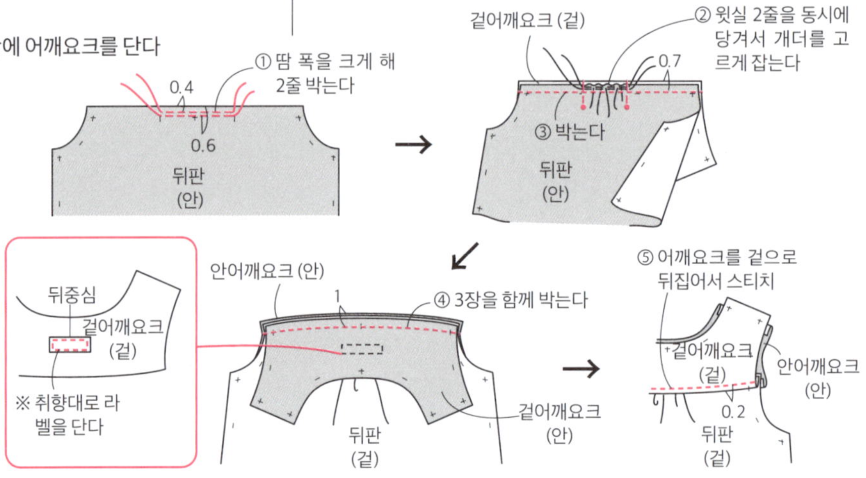

8 앞팬츠에 주머니를 단다 (→P.75-4)

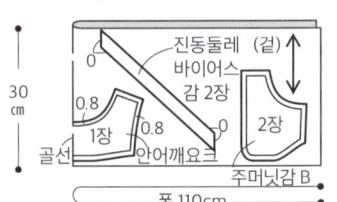

10 개더 퀼로트

P.14 / 실물 크기 패턴 B면 (주머닛감은 A면)

■ 재료
※ 각 치수는 100/110/120/130/140/150 사이즈
겉감 ⋯ 면 프린트 (노란색 계열) 폭 110cm×80/85/95/100/110/115cm
다른 감 ⋯ 주머니용 안감 (얇은 직물) 20cm×30cm
접착심 ⋯ 10cm×40cm
파이핑테이프(민트그린 & 흰색) ⋯ 폭 9mm(심 너비 3mm)×28/30/32/34/36/38cm
늘어남 방지 테이프 ⋯ 폭 2cm×20cm
고무밴드 ⋯ 폭 1.5cm×23/25/27/29/31/33cm 2줄

■ 완성 치수
허리둘레 ⋯ 약 51/54/57/60/63/66cm
팬츠 길이 ⋯ 약 25/28/31/34/37/40cm

재단 배치도
※ 정해진 곳 외의 시접은 1cm
※ ░░░ 는 뒷면에 접착심, 주머니 입구에는 늘어남 방지 테이프를 붙인다

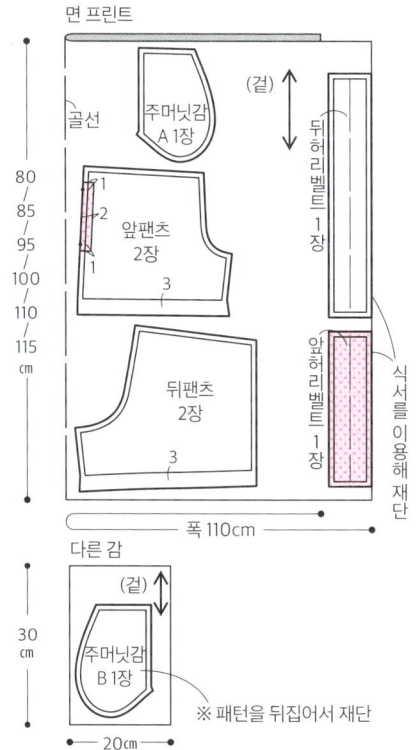

만드는 순서

1 원단을 재단하고 시접을 다려서 접는다 (→P.97-1)
2 오른쪽 옆선에 주머니를 단다 (→P.57-2)
3 밑위를 박는다
4 앞팬츠의 허리에 개더를 잡고 파이핑테이프를 임시 고정한다
5 옆선을 박는다 (→P.75-7)
6 밑아래를 박는다 (→P.75-6)
7 밑단을 두 번 접어박는다
8 허리벨트를 만들어서 단다 (→P.97-8)
9 고무밴드를 끼운다

3 밑위를 박는다

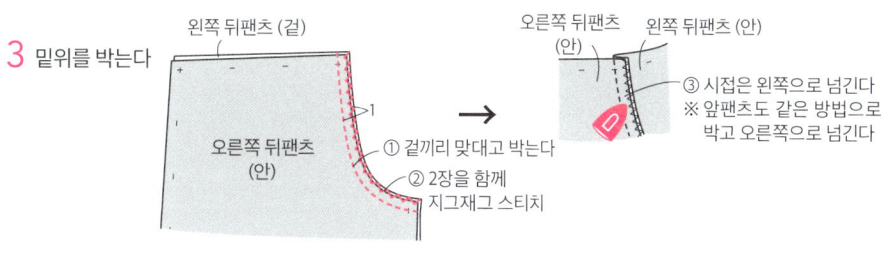

4 앞팬츠의 허리에 개더를 잡고 파이핑테이프를 임시 고정한다

7 밑단을 두 번 접어박는다

8 허리벨트를 만들어서 단다

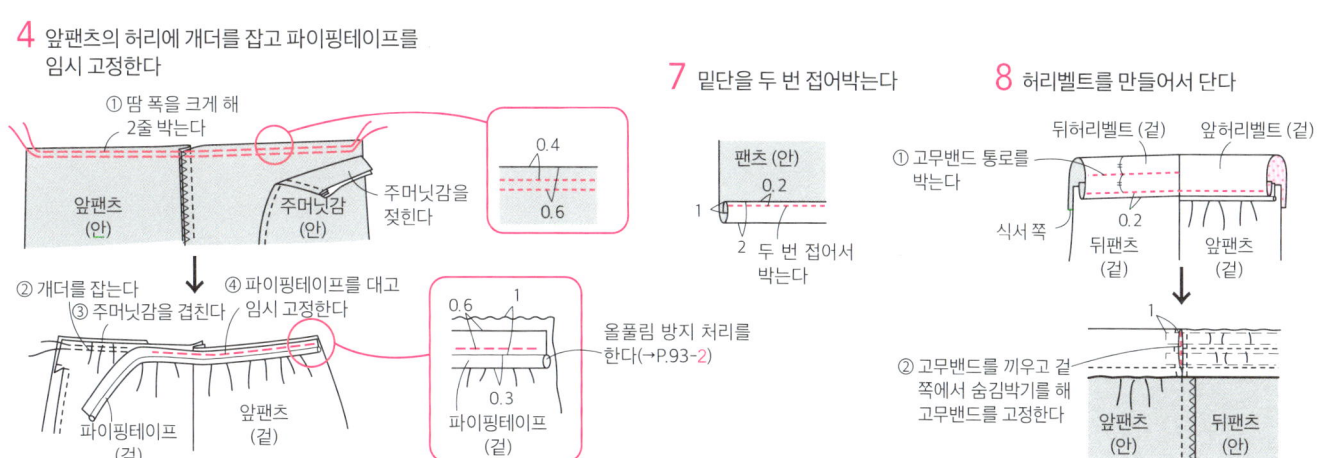

09 프릴 블라우스

P.14／실물 크기 패턴 C면

■ 재료
※ 각 치수는 100/110/120/130/140/150 사이즈
겉감 … 선염 리넨 (흰색+파란색 줄무늬) 폭 110cm×85/90/95/100/105/110cm
단추 … 지름 12mm 5개
끼움라벨(옵션) … 1개

■ 완성 치수
가슴둘레 … 약 70.5/74/77.5/81/83/88cm
옷 길이(뒤중심의 옷깃~밑단) … 약 55.5/60/64.5/69/74/79cm

재단 배치도
※ 정해진 곳 외의 시접은 1cm

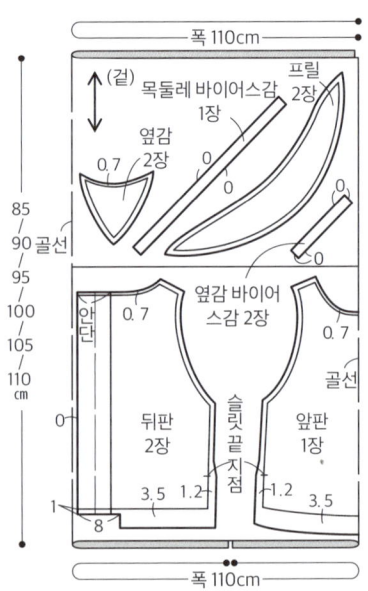

만드는 순서

1 원단을 재단하고 시접을 다려서 접는다
2 뒤안단을 박는다
3 어깨선을 박는다
4 목둘레를 처리한다
5 프릴을 만든다
6 옆감을 만든다
7 몸판에 프릴과 옆감을 단다
8 옆선을 박는다
9 뒤판 끝선과 밑단을 처리한다
10 단춧구멍을 만들고 단추를 단다

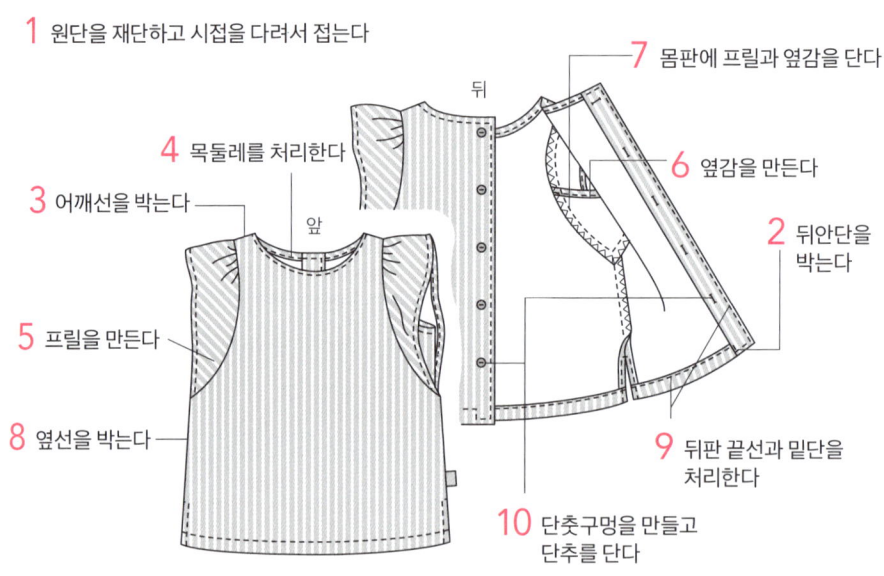

1 원단을 재단하고 시접을 다려서 접는다

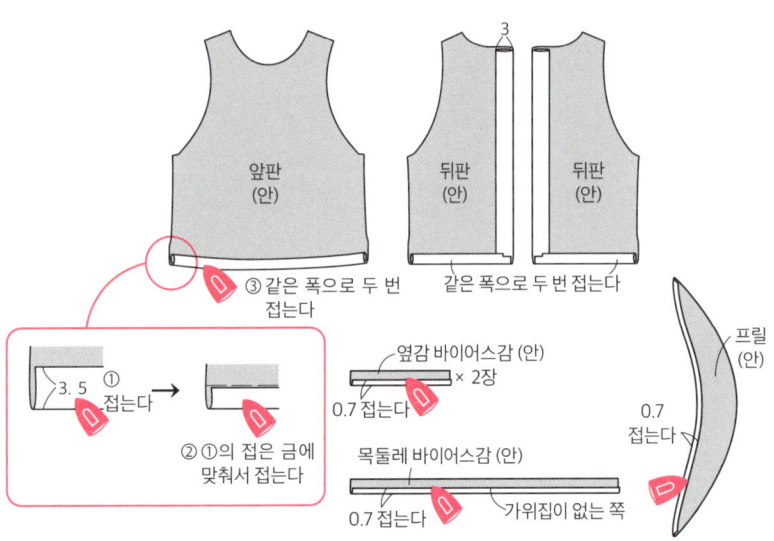

2 뒤안단을 박는다

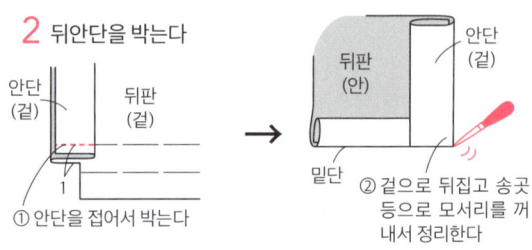

3 어깨선을 박는다

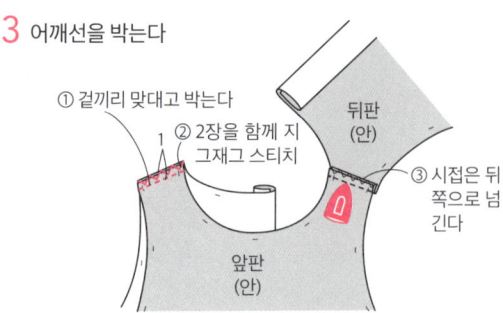

4 목둘레를 처리한다

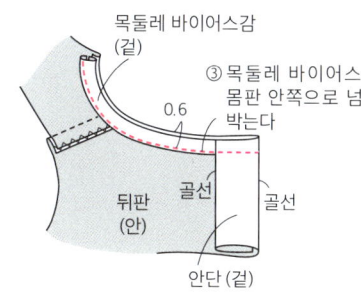
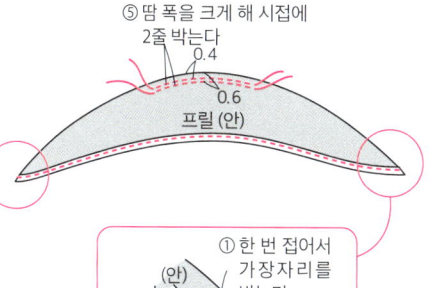

5 프릴을 만든다

6 옆감을 만든다

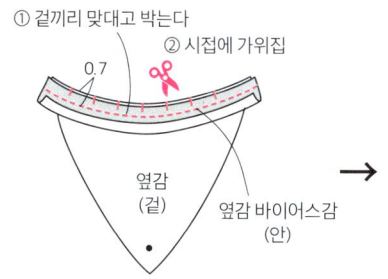
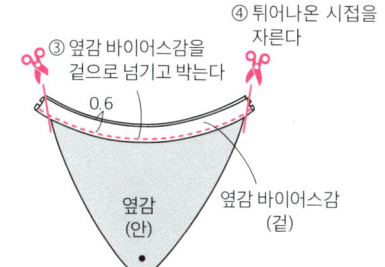
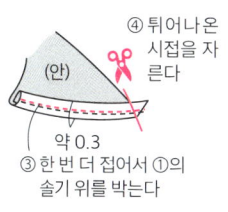

7 몸판에 프릴과 옆감을 단다

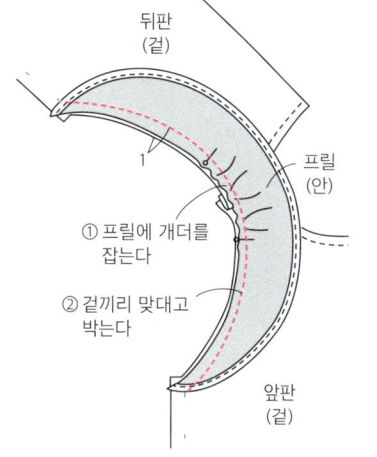
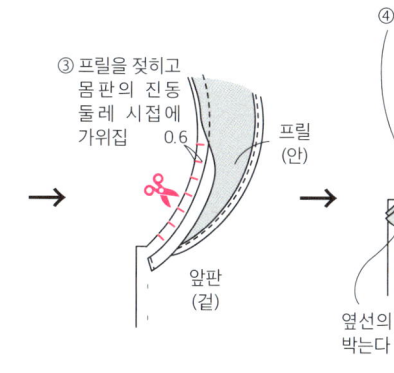
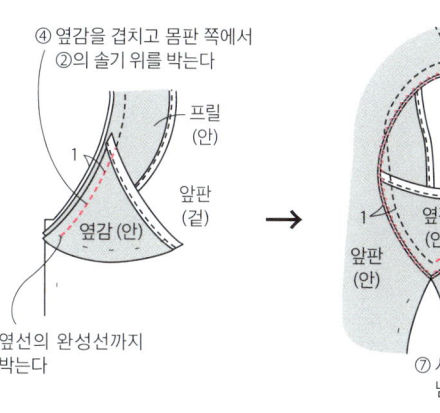
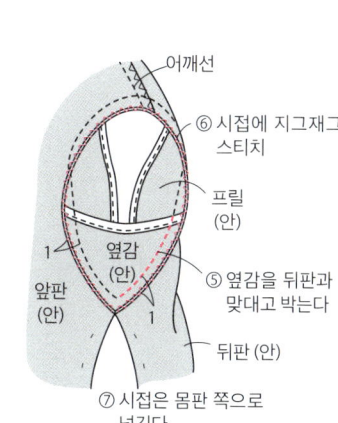

8 옆선을 박는다

9 뒤판 끝선과 밑단을 처리한다

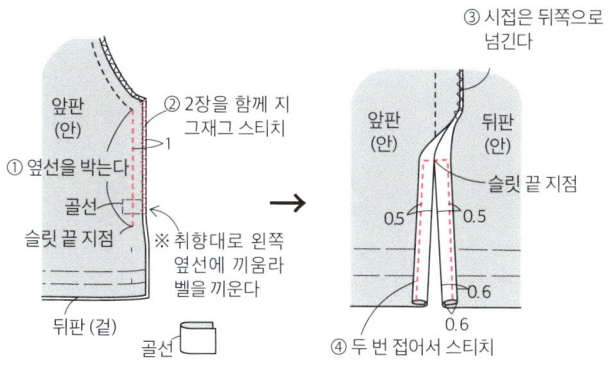
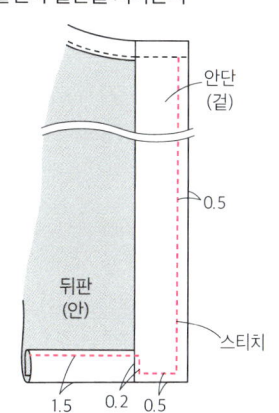

11 짧은 소매 블라우스

P.16 / 실물 크기 패턴 A면

■ 재료
※ 각 치수는 100/110/120/130/140/150 사이즈
겉감 … 리넨 (빨간색 민무늬) 폭 120cm×80/80/85/90/95/100cm
다른 감 … 리버티프린트 (꽃무늬) 폭 110cm×25/25/25/30/30/30cm
기둥단추 … 지름 10mm 3개
라벨(옵션) … 1개

■ 완성 치수
가슴둘레 … 약 68.5/72.5/76.5/80.5/84.5/88.5cm
옷 길이 … 약 39.5/42.5/45.5/48.5/51.5/54.5cm
소매 길이 … 약 3/3/3.5/3.5/4/4cm

재단 배치도
※ 정해진 곳 외의 시접은 1cm

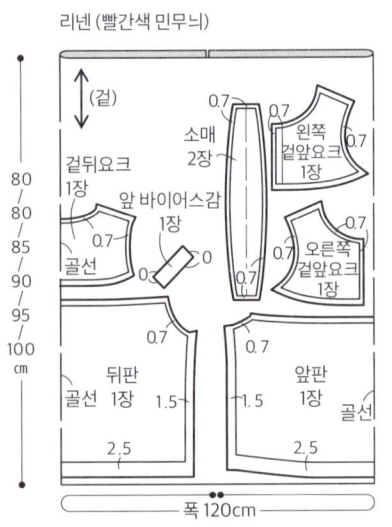

만드는 순서

1 원단을 재단하고 시접을 다려서 접는다
2 겉요크·안요크의 어깨선을 각각 박는다
3 천루프를 만들어서 단다
4 겉요크·안요크를 잇는다
5 앞슬릿 트임을 만든다
6 몸판에 개더를 잡고 요크를 단다
7 옆선을 박는다
8 밑단을 두 번 접어박는다
9 소매를 만들어서 단다

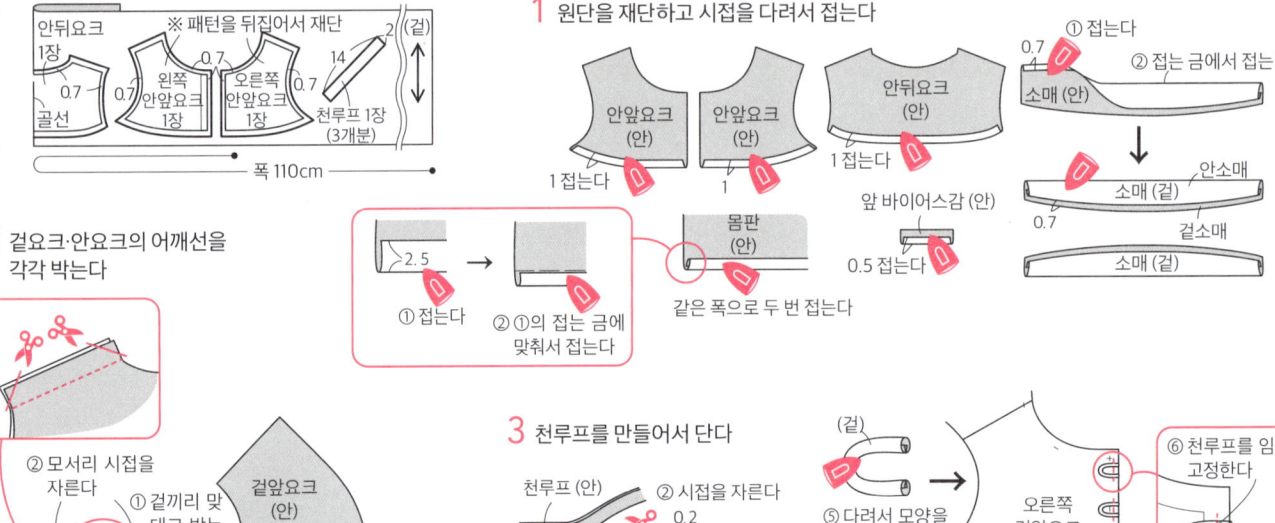

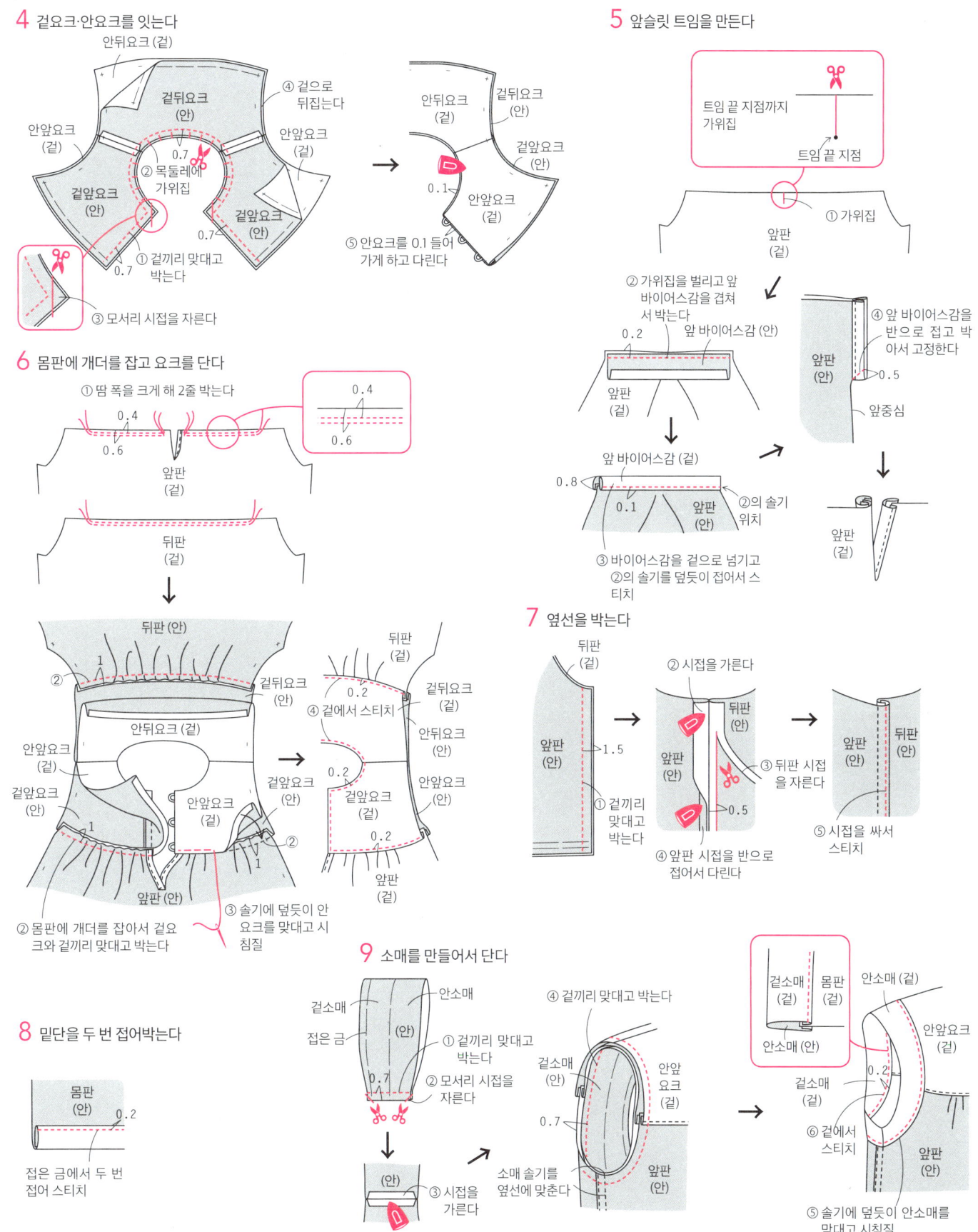

12 테이퍼드 팬츠 '발목 길이·롱 길이'

P.17/실물 크기 패턴 B면 (주머닛감 A·B는 F면)

■ 재료
※ 각 치수는 100/110/120/130/140/150 사이즈
롱 길이　겉감 … 트윌 (아미그린 민무늬) 폭 125cm×90/100/110/120/130/140cm
　　　　　　　치노클로스 (남색 민무늬) 폭 135cm×40cm
발목 길이　겉감 … 치노클로스 (남색 민무늬) 폭 135cm×60/70/80/90/100/110cm
　　　　　　　트윌 (초록색 민무늬) 폭 125cm×40cm
다른 감(공통) … 면 브로드클로스 40cm×30cm
접착심(공통) … 10cm×40cm

고무밴드(공통) … 폭 3cm×23/25/27/29/31/33cm
라벨(옵션/공통) … 1개
끼움라벨(옵션/공통) … 1개

■ 완성 치수
허리둘레(공통) … 약 51/54/57/60/63/66cm
팬츠 길이(롱 길이) … 약 57.5/63.5/69.5/75.5/81.5/87.5cm
팬츠 길이(발목 길이) … 약 50.5/56.5/62.5/68.5/74.5/80.5cm

재단 배치도
※ 정해진 곳 외의 시접은 1cm
※ ▨는 뒷면에 접착심을 붙인다

만드는 순서
1 원단을 재단하고 시접을 다려서 접는다

2 뒷주머니를 만들어서 단다

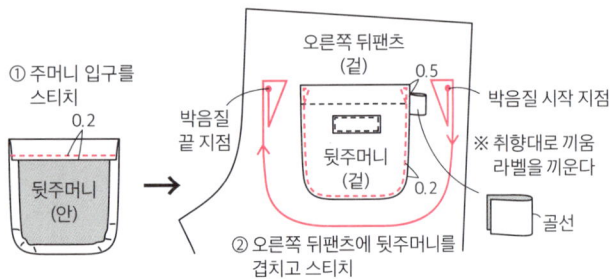

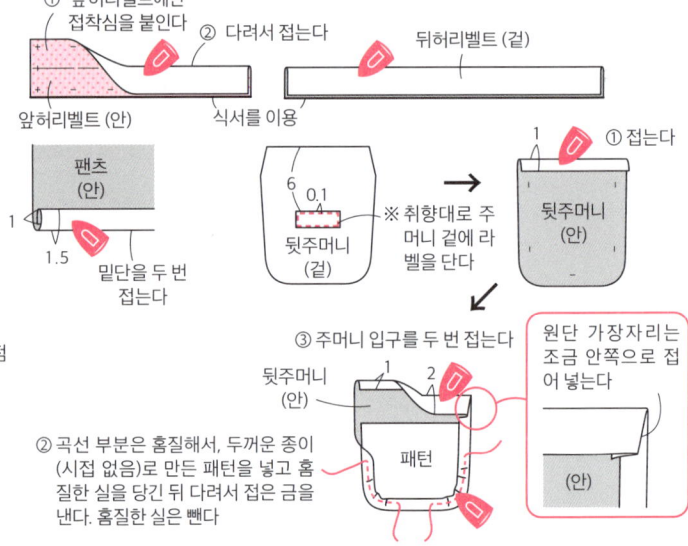

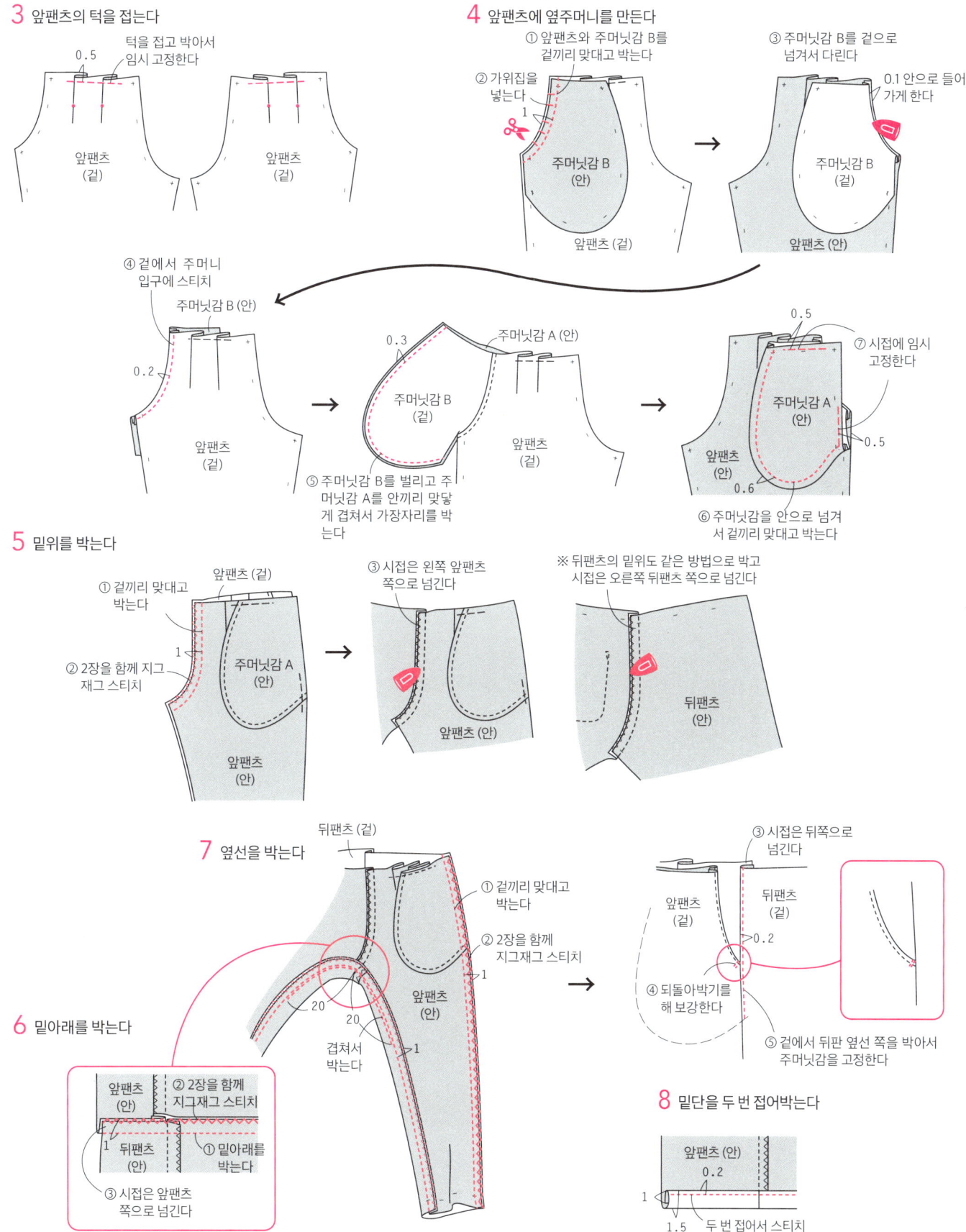

13 절개 티셔츠

P.18 / 실물 크기 패턴 B면

■ 재료
※ 각 치수는 100/110/120/130/140/150 사이즈
겉감 … 30쌍사 평직 니트 (베이지 민무늬) 폭 180cm×50/50/55/60/60/65cm
다른 감 … 면 브로드클로스 폭 110cm×50/50/55/60/65/70cm
접착심 … 15cm×25cm
단추 … 지름 10mm 3개

라벨(옵션) … 1개
끼움라벨(옵션) … 1개

■ 완성 치수
가슴둘레 … 약 62/66/70/74/78/82cm
옷 길이 … 약 39.5/42.5/45.5/48.5/51.5/54.5cm

재단 배치도
※ 정해진 곳 외의 시접은 1cm
※ ▨는 뒷면에 접착심을 붙인다

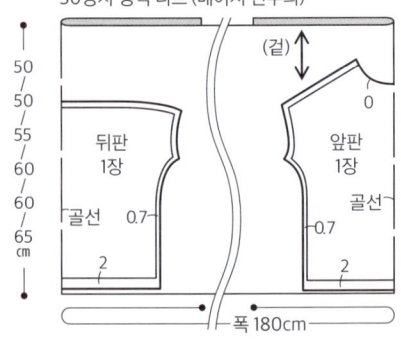

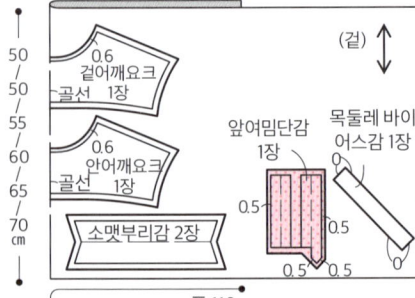

만드는 순서

1 원단을 재단하고 시접을 다려서 접는다
2 앞판 목둘레를 처리한다
3 앞여밈단을 만든다
4 뒤판에 어깨요크를 단다
5 앞판에 어깨요크를 단다
6 옆선을 박는다 (→P.56-4)
7 소맷부리감을 만들어서 단다
8 밑단을 처리한다 (→P.56-6)
9 단춧구멍을 만들고 단추를 단다

1 원단을 재단하고 시접을 다려서 접는다

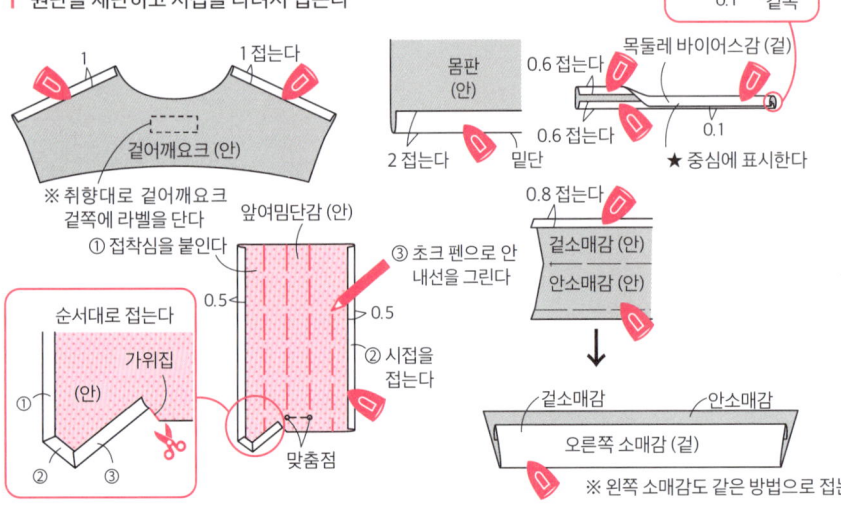

2 앞판 목둘레를 처리한다

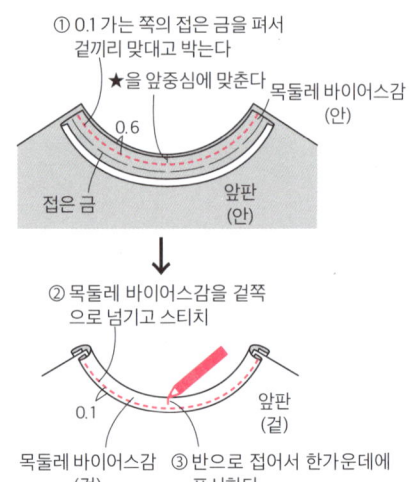

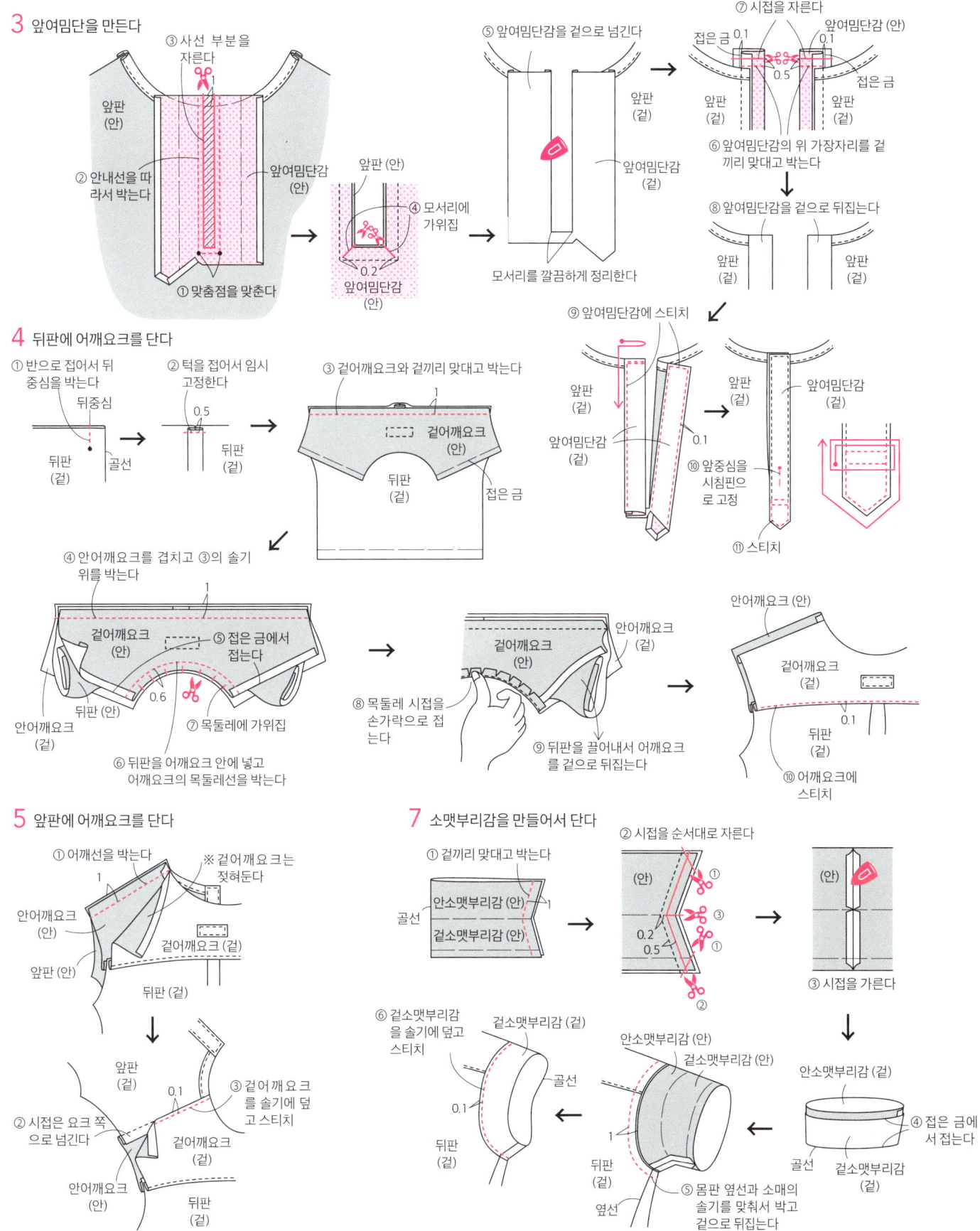

14 벌룬소매 블라우스

P.20/실물 크기 패턴 C면

■ 재료
※ 각 치수는 100/110/120/130/140/150 사이즈
겉감 ··· 워싱 가공 얇은 면 (그레이지핑크) 폭 105cm×90/95/105/115/120/130cm
고무밴드 ··· 폭 6mm×19/20/21/22/23/24cm 2줄
단추 ··· 지름 11mm 5개

■ 완성 치수
가슴둘레 ··· 약 76.5/80.5/84.5/88.5/92.5/96.5cm
옷 길이(뒤중심) ··· 약 38/41/44/47/50/53cm
소매 길이 ··· 약 18/19/20/21/22/23cm

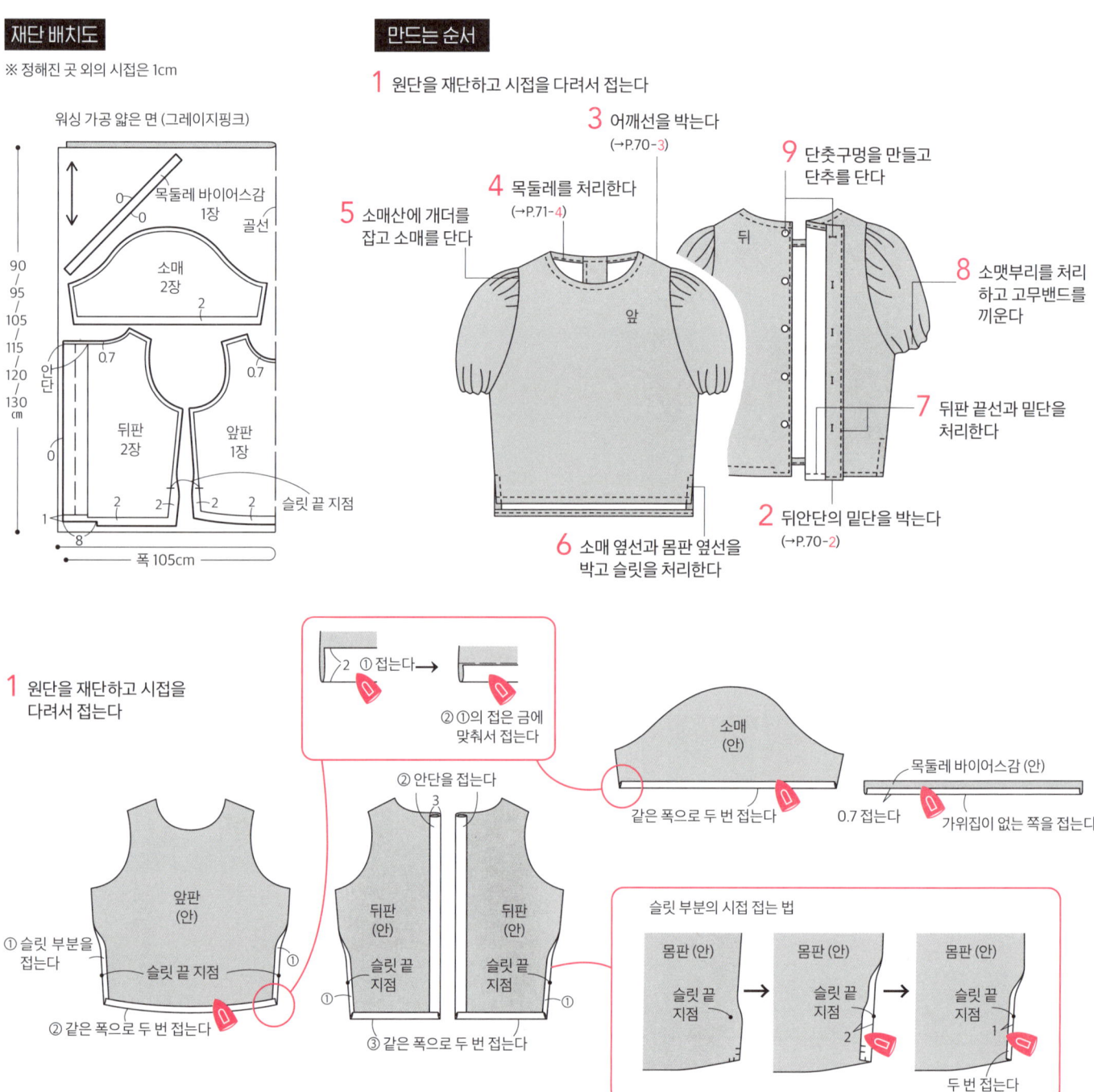

5 소매산에 개더를 잡고 소매를 단다

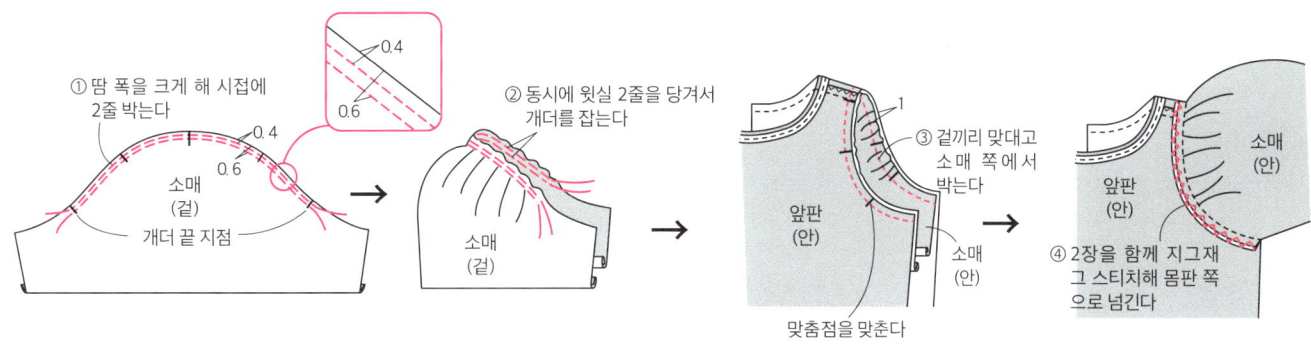

6 소매 옆선과 몸판 옆선을 박고 슬릿을 처리한다

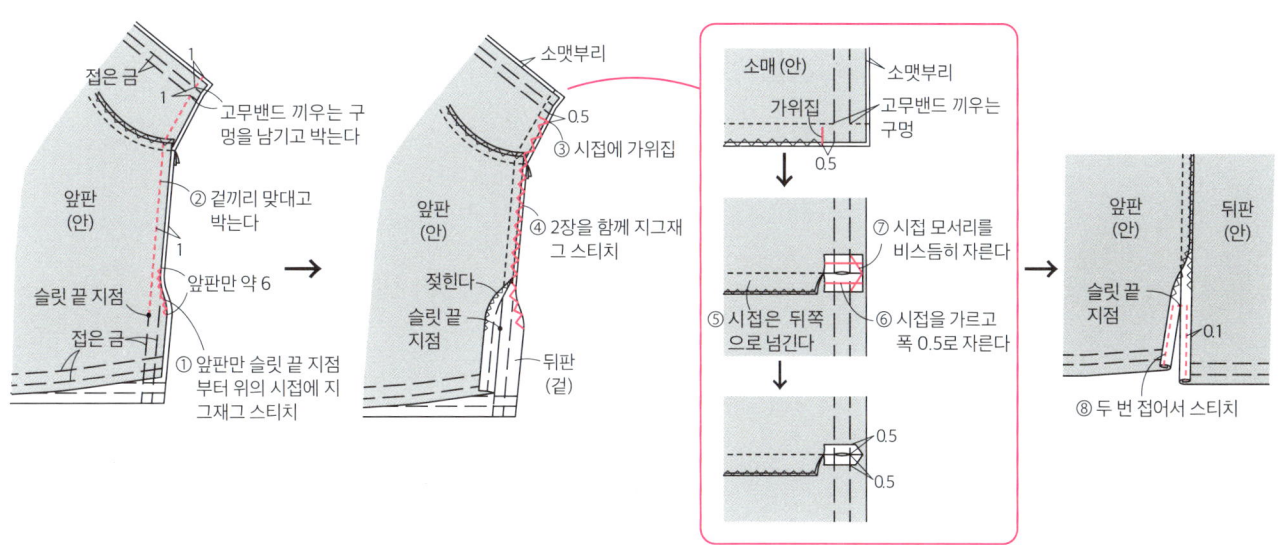

7 뒤판 끝선과 밑단을 처리한다

8 소맷부리를 처리하고 고무밴드를 끼운다

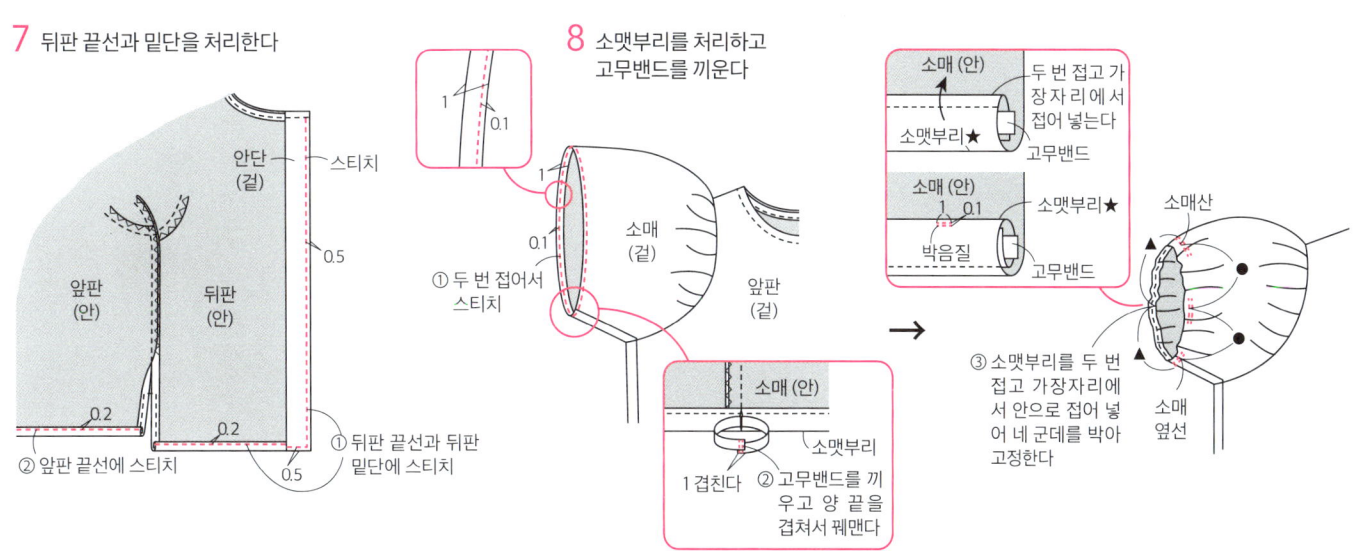

15 쇼트 팬츠

P.20·25 / 실물 크기 패턴 E면 (뒷주머니, 주머닛감 A·B는 C면)

■ 재료
※ 각 치수는 100/110/120/130/140/150 사이즈
겉감 … 중간 두께 면 (그레이지) 폭 110cm×90/90/95/100/100/110cm
다른 감 … 면 브로드클로스 (베이지) 40cm×30cm
늘어남 방지 테이프 … 폭 2cm×35cm
고무밴드 … 폭 2cm×42/45/48/51/54/57cm

라벨(옵션) … 1개
끼움라벨(옵션) … 1개

■ 완성 치수
허리둘레 … 81/84/87/90/93/96cm
팬츠 길이 … 약 30/32/34/36/38/40cm

재단 배치도
※ 정해진 곳 외의 시접은 1cm
※ 는 뒷면에 늘어남 방지 테이프를 붙인다

만드는 순서

1 원단을 재단하고 시접을 다려서 접는다 (→P.62-1)
2 뒷주머니를 만든다 (→P.62-2)
3 뒤팬츠에 뒷주머니를 단다
4 앞팬츠에 옆주머니를 만든다 (→P.63-4)
5 옆선을 박는다 (→P.63-5)
6 밑위를 박는다
7 밑아래를 박는다 (→P.63-7)
8 허리벨트를 만들어서 단다 (→P.63-8)
9 고무밴드를 끼운다 (P.96-9)
10 밑단을 두 번 접어박는다 (→P.69-7)

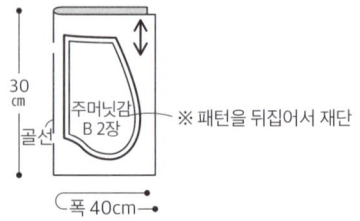

3 뒤팬츠에 뒷주머니를 단다

6 밑위를 박는다

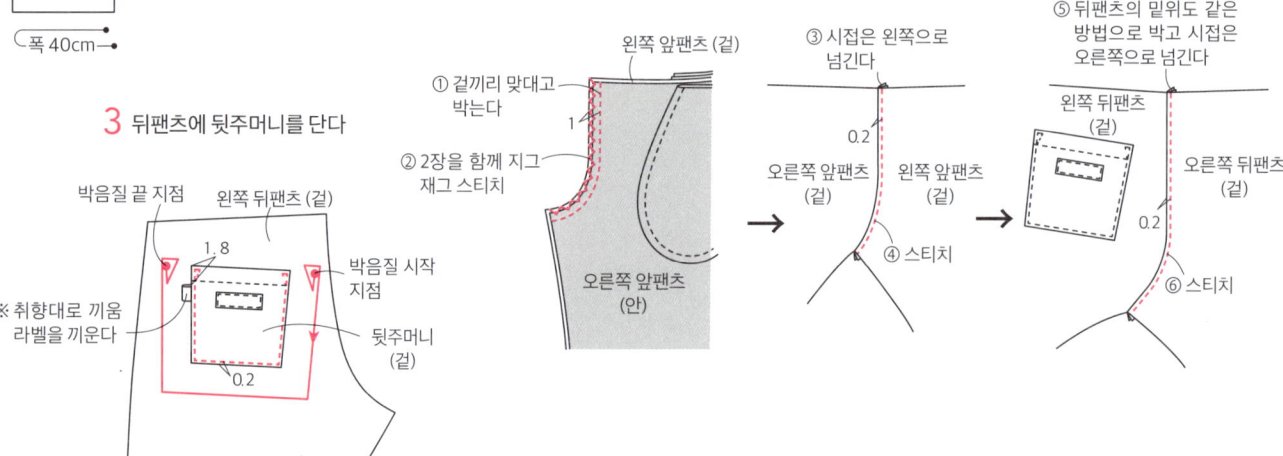

19 스웨트 스커트

P.26/실물 크기 패턴 D면

■ 재료
※ 각 치수는 100/110/120/130/140/150 사이즈
겉감 … 데님 쭈리 (멜란지 블루) 폭 160cm×40/40/45/45/50/50cm
다른 감 … 스판 리브 (멜란지 블루) 폭 45cmW×35cm
고무밴드 … 폭 3cm×47/50/53/56/59/62cm
그로그랭 리본 … 폭 1cm×약 25cm

라벨(옵션) … 1개
끼움라벨(옵션) … 1개

■ 완성 치수
허리둘레 … 약 45/48/51/54/57/60cm
스커트 길이(앞길이) … 29.3/31.3/33.3/35.3/37.3/39.3cm

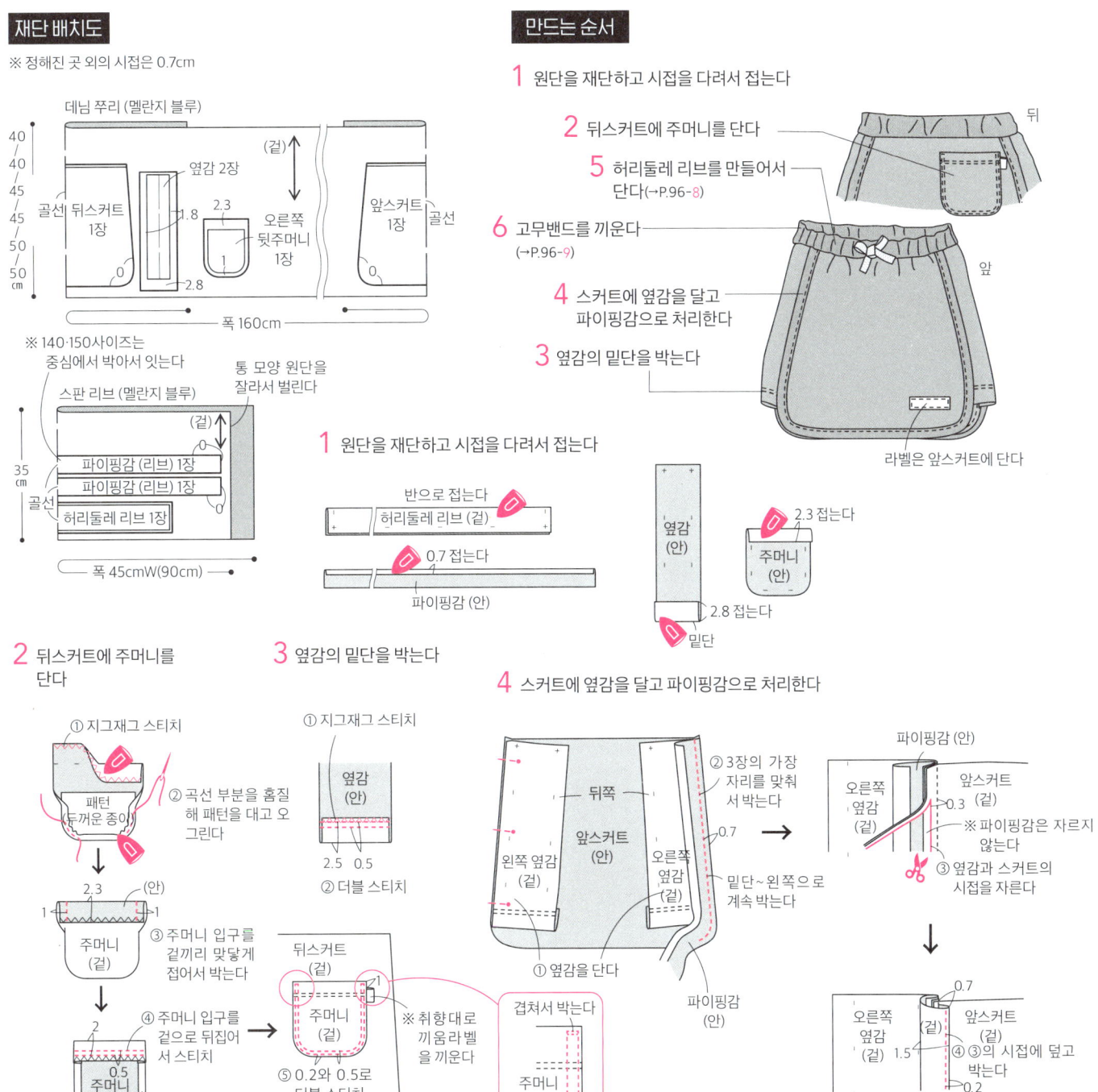

16 개더 원피스

P.22/실물 크기 패턴 C면

■ 재료
※ 각 치수는 100/110/120/130/140/150 사이즈
P.22 작품 겉감 … 리넨 (빨간색 민무늬) 폭 105cm×135/145/160/170/185/200cm
P.23 작품 겉감 … 리넨 (파란색 깅엄체크) 폭 145cm×75/85/100/110/120/130cm
늘어남 방지 테이프 … 폭 2cm×20cm
리본 … 폭 0.5cm×100cm
술 … 길이 4cm 2개
라벨(옵션) … 1개

■ 완성 치수
가슴둘레 … 약 90/94/98/102/106/110cm
옷 길이(뒤중심) … 약 52.5/58.5/64.5/70.5/76.5/82.5cm

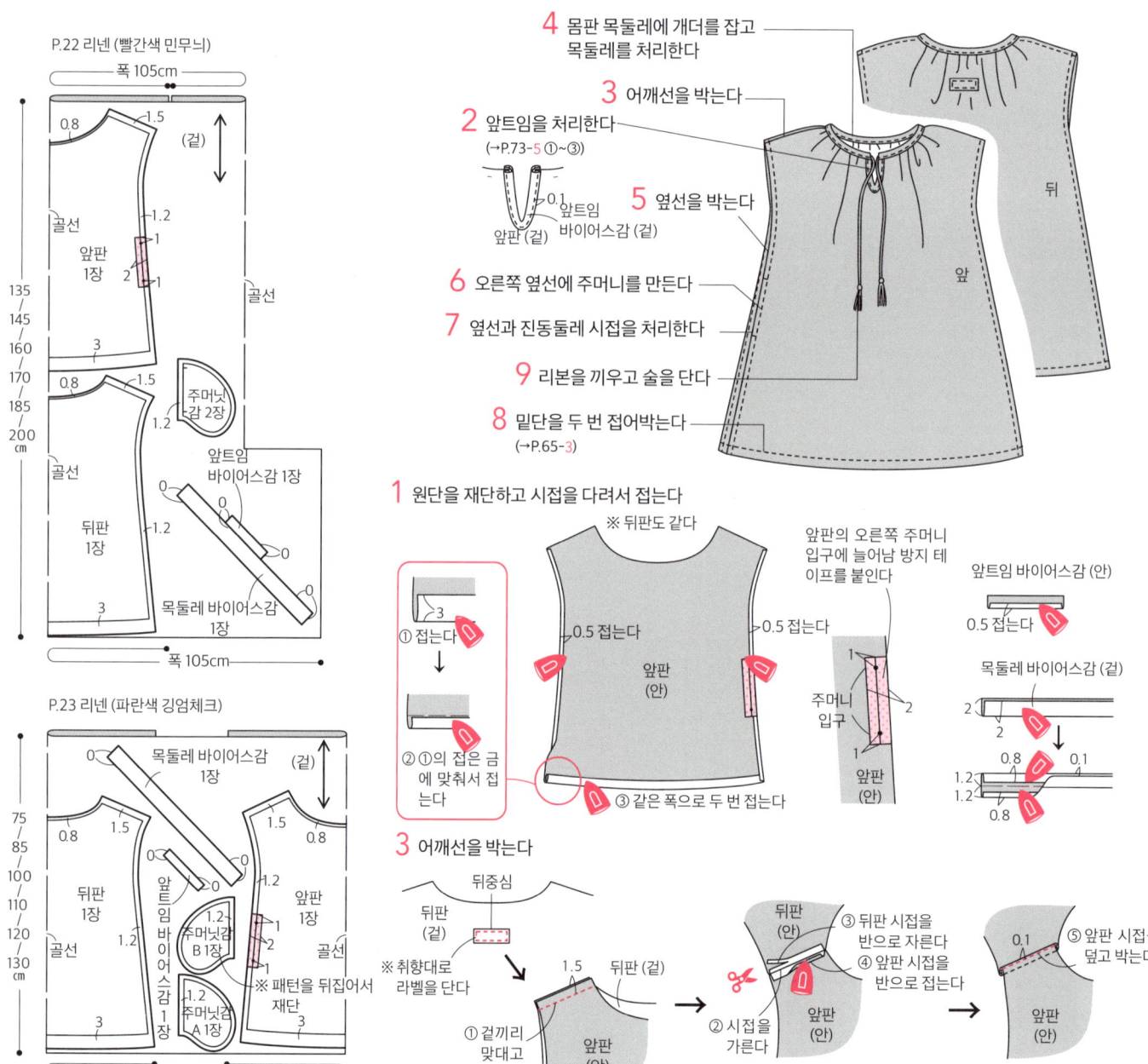

4 몸판 목둘레에 개더를 잡고 목둘레를 처리한다

5 옆선을 박는다

6 오른쪽 옆선에 주머니를 만든다

7 옆선과 진동둘레 시접을 처리한다

9 리본을 끼우고 술을 단다

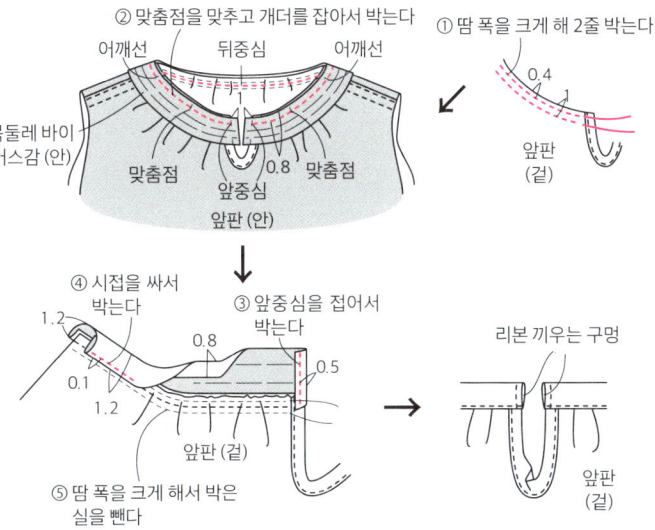

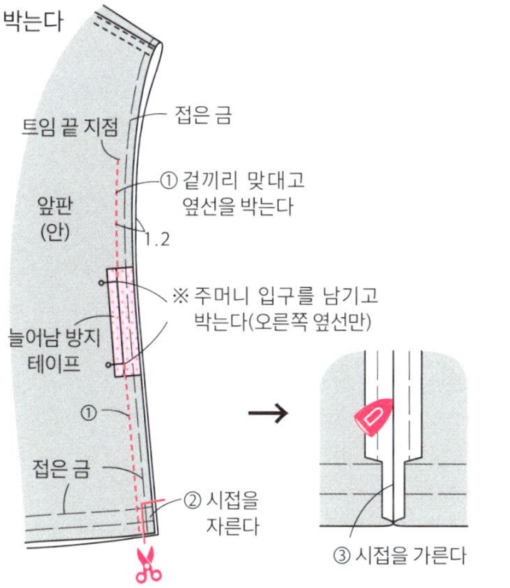

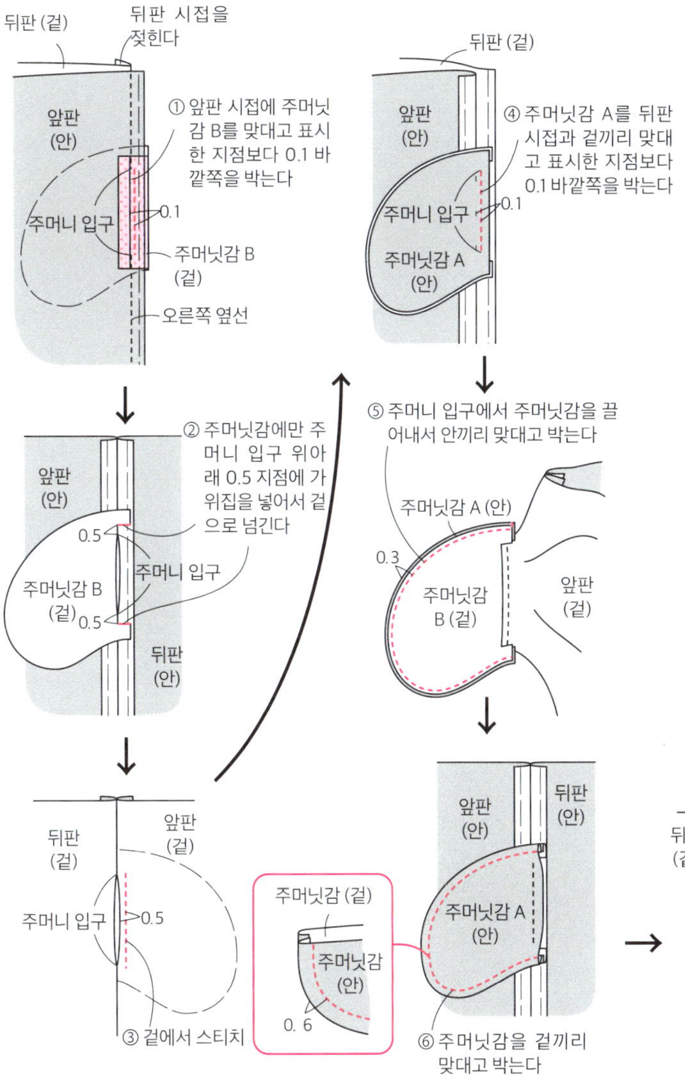

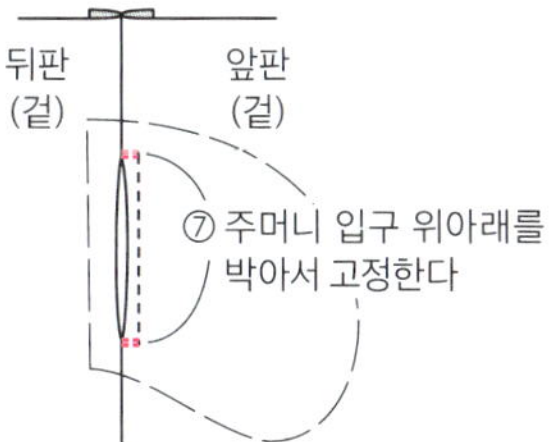

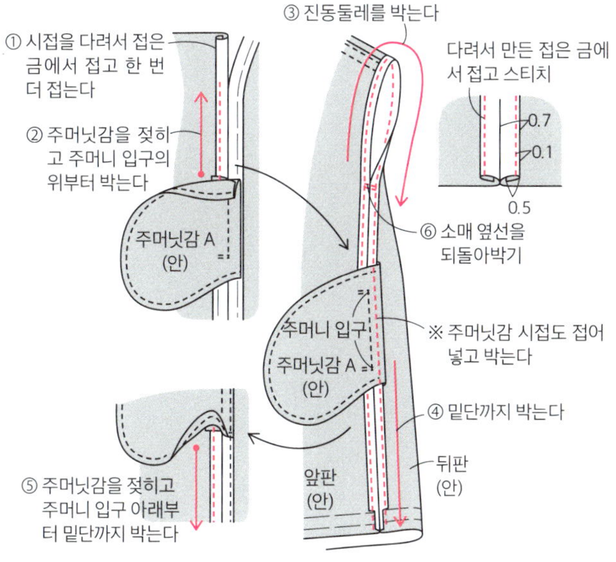

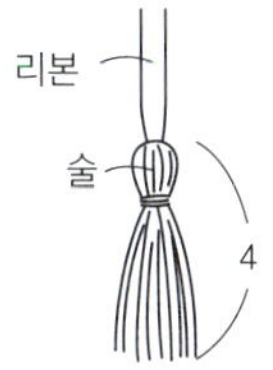

18 어깨 단추 티셔츠 '반소매·7부 소매'

P.24·25/실물 크기 패턴 E면

■ 재료
※ 각 치수는 100/110/120/130/140/150 사이즈
P.24 반소매·남자아이
겉감 … 쭈리 (멜란지 블루) 폭 70cm×95/100/110/115/120/125cm
다른 감(공통) … 리넨 (줄무늬) 55cm×30cm
접착심 … 50cm×30cm
플라스틱 똑딱단추 … 지름 13mm 4쌍
라벨 2종류(옵션) … 각 1개
끼움라벨(옵션) … 2개
P.25 7부소매·여자아이
겉감 … 거즈 쭈리 (차콜 리본 무늬) 폭 150cm×50/50/55/60/60/65cm
다른 감 … 면 브로드클로스 45cm×30cm
접착심 … 50cm×30cm
플라스틱 똑딱단추 … 지름 13mm 4쌍
라벨 2종류(옵션) … 각 1개

■ 완성 치수
가슴둘레(공통) … 약 63.5/67.5/71.5/75.5/79.5/83.5cm
옷 길이(공통) … 약 39/42/45/48/51/54cm
소매 길이(→P.24 남자아이) … 약 12.5/13.5/14.5/15.5/16.5/17.5cm
소매 길이(→P.25 여자아이) … 약 25/28/31/34/37/40cm

재단 배치도
※ 정해진 곳 외의 시접은 1cm
※ 소매 옆선과 몸판 옆선 시접은 0.7cm
※ ▨는 뒷면에 접착심을 붙인다

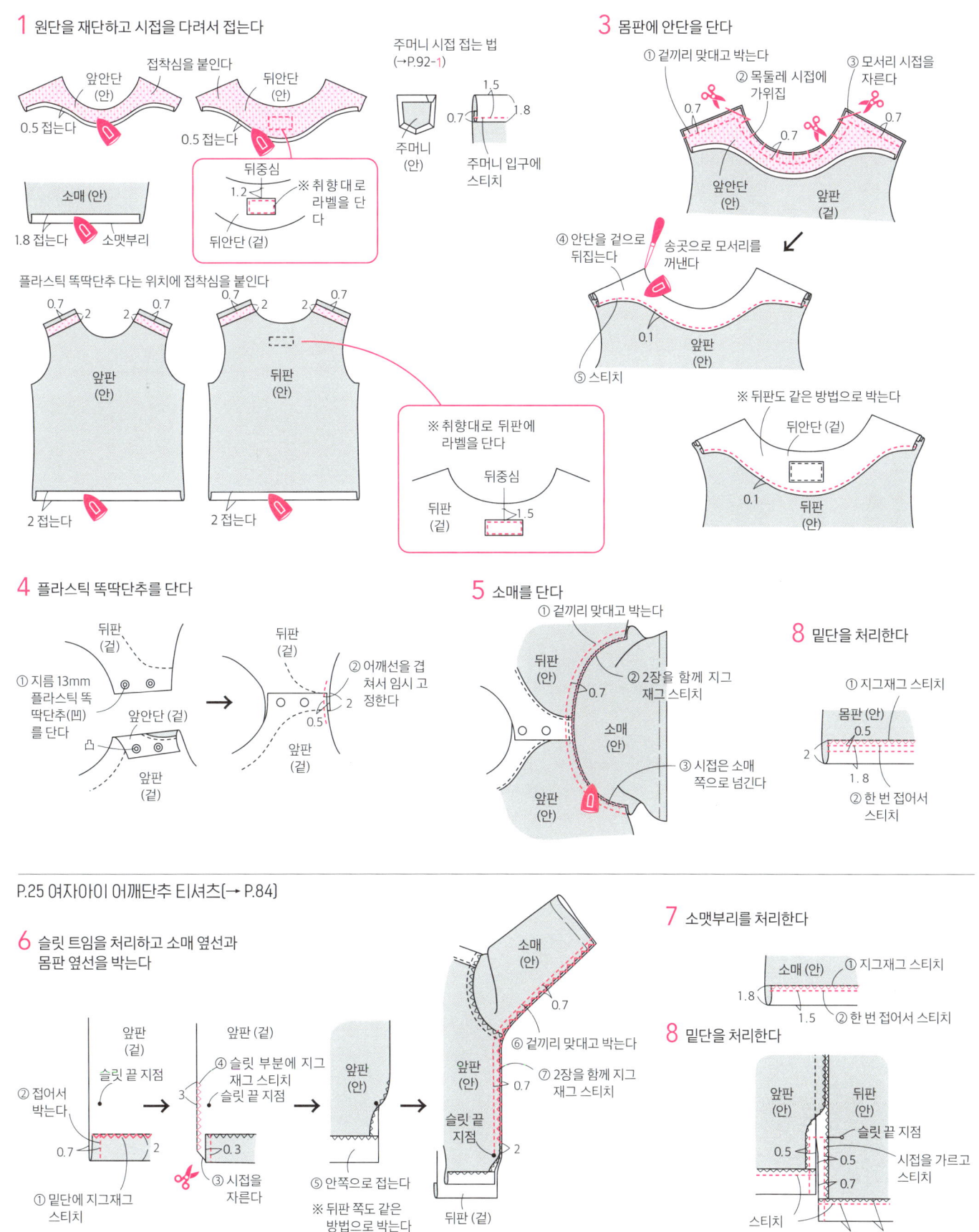

20 래글런 블라우스

P.28 / 실물 크기 패턴 D면 (코르사주는 A면)

■ 재료
※ 각 치수는 100/110/120/130/140/150 사이즈
겉감 … 면 브로드클로스 (연회색 민무늬) 폭 110cm×105/110/120/125/135/140cm
다른 감 … 리버티프린트 (분홍색 꽃무늬) 폭 110cm×30cm
고무밴드 … 폭 1.5cm×40/42/44/46/48/50cm 1줄
라벨(옵션) … 1개
끼움라벨(옵션) … 1개

■ 완성 치수
몸 너비 … 약 82/86/90/94/98/102cm
옷 길이 … 약 47/50/53/56/59/62cm

재단 배치도
※ 정해진 곳 외의 시접은 1cm

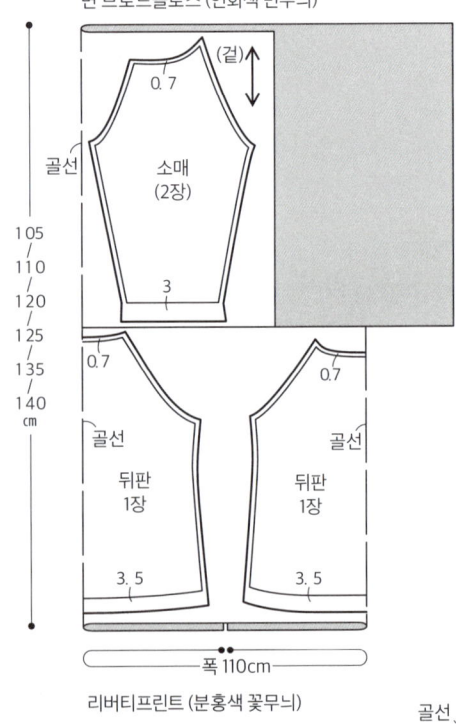

만드는 순서

1 원단을 재단하고 시접을 다려서 접는다
2 몸판의 앞중심과 뒤중심을 각각 박는다
3 몸판과 소매를 잇는다
4 안단을 만들어서 목둘레에 단다
5 소매 옆선과 몸판 옆선을 박는다 (→P.94-5)
※ 소매 옆선과 몸판 옆선 시접은 1cm
※ 취향대로 오른쪽 옆선에 끼움라벨을 끼운다
6 밑단을 두 번 접어박는다 (→P.58-4)
7 소맷부리를 박는다
8 고무밴드를 끼운다
9 코르사주를 만들어서 단다

2 몸판의 앞중심과 뒤중심을 각각 박는다

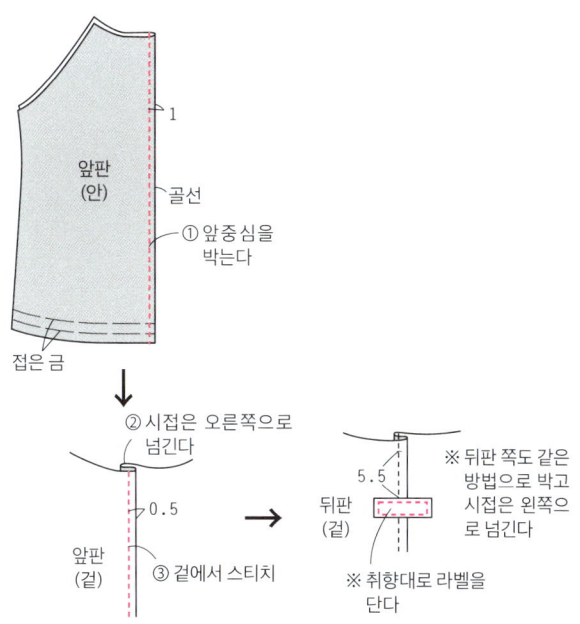

3 몸판과 소매를 잇는다

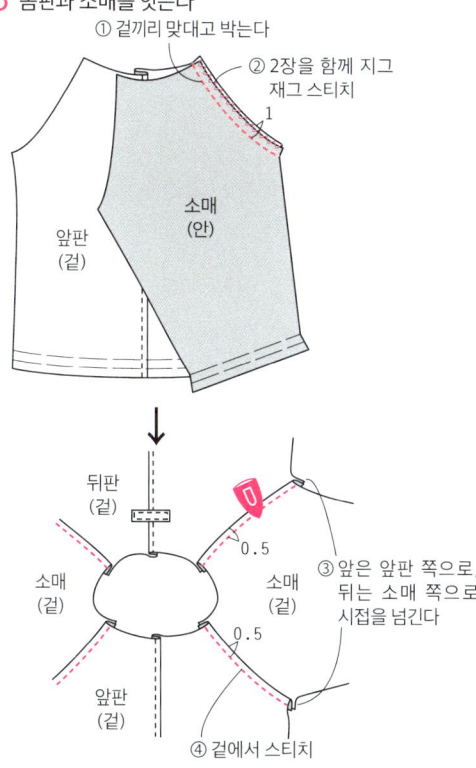

4 안단을 만들어서 목둘레에 단다

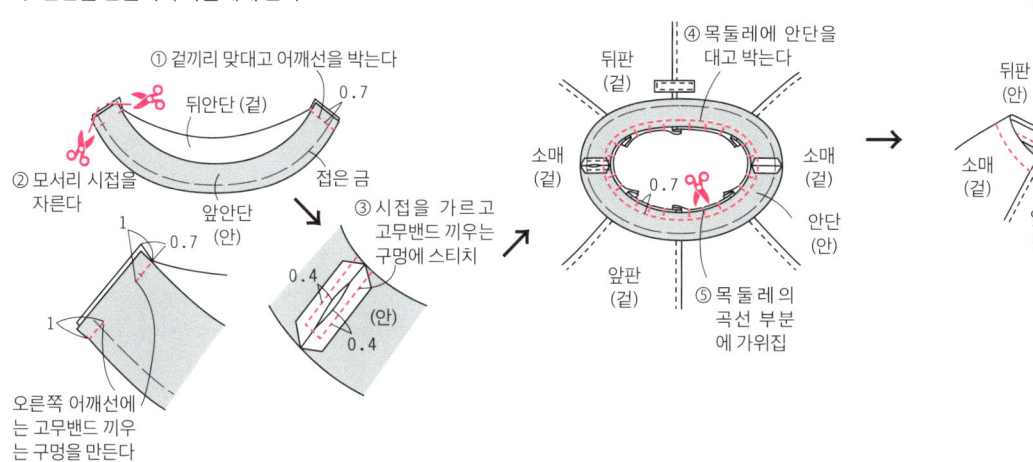

7 소맷부리를 박는다

8 고무밴드를 끼운다

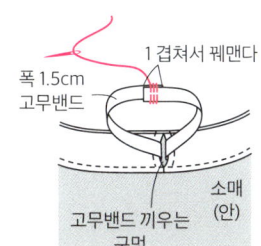

9 코르사주를 만들어서 단다

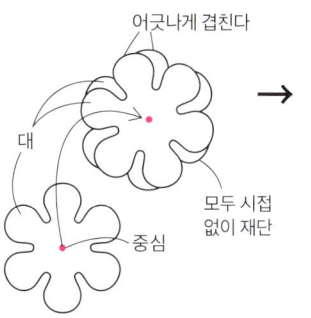
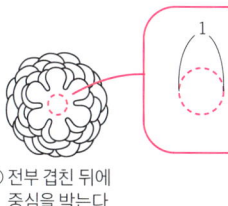
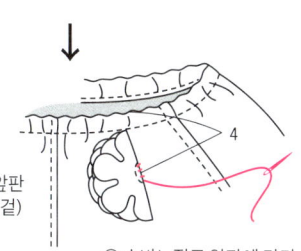

21 도킹 원피스

P.30/실물 크기 패턴 C면 (주머닛감은 A면)

■ 재료
※ 각 치수는 100/110/120/130/140/150 사이즈
겉감 … 면 플란넬 (진초록색 민무늬) 폭 105cm×150/160/170/180/200/210cm
다른 감 A … 면 프린트 폭 105cm×30cm
다른 감 B … 면 브로드클로스 50cm×30cm
접착심 … 80cm×20cm
늘어남 방지 테이프 … 폭 1cm×150cm
콘실 지퍼 … 길이 50cm 이상 1개
의류용 걸고리 … 1쌍

■ 완성 치수
가슴둘레 … 약 65/69/73/77/81/85cm
옷 길이(뒤중심의 목둘레~밑단) … 약 57/63/69/75/81/87cm
소매 길이 … 26.3/29.3/32.3/35.3/38.3/41.3cm

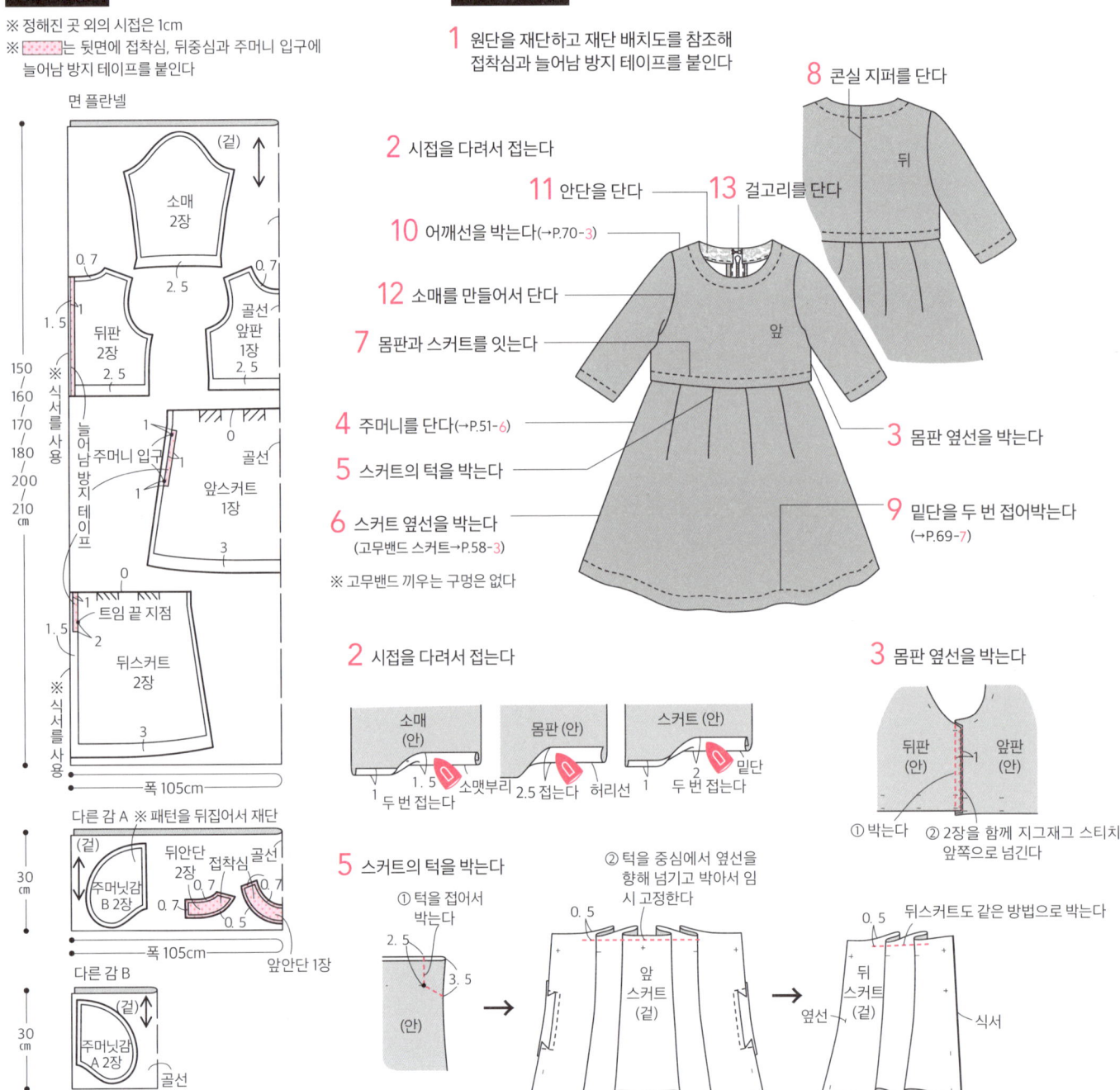

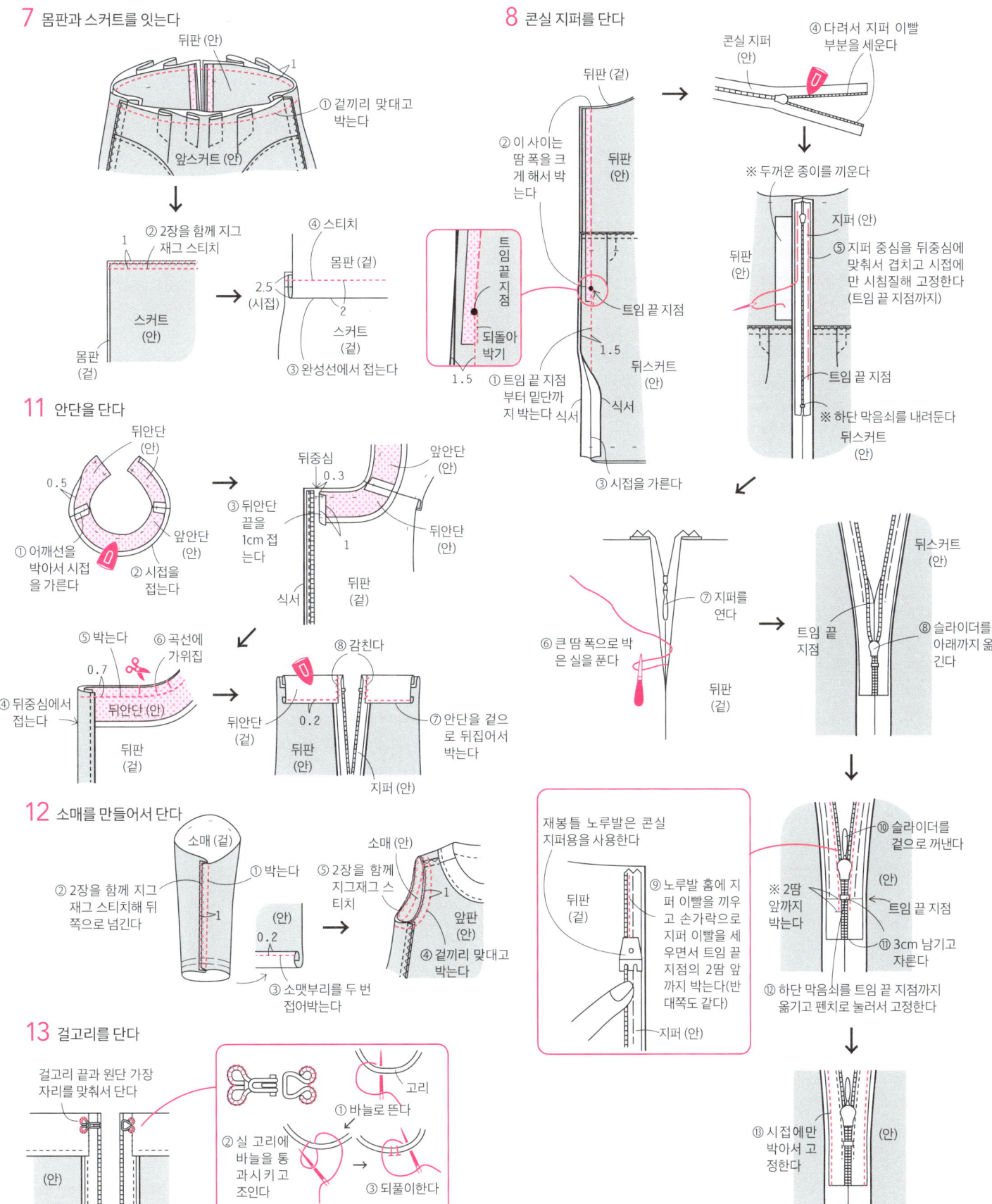

22 밴드칼라 셔츠 '긴소매'

P.32 / 실물 크기 패턴 B면

■ 재료
※ 각 치수는 100/110/120/130/140/150 사이즈
겉감 … 가는 골 코듀로이 (보라색) 폭 105cm×120/130/135/145/155/160cm
접착심 … 35cm×45cm
단추 … 지름 11.5mm 8개
라벨(옵션) … 1개
끼움라벨(옵션) … 1개

■ 완성 치수
가슴둘레 … 약 91/95/99/103/107/111cm
옷 길이(뒤중심) … 44.5/47.5/50.5/53.5/56.5/59.5cm
소매 길이 … 약 31/34/37/40/43/46cm

재단 배치도
※ 정해진 곳 외의 시접은 1cm
※ 분홍 부분은 뒷면에 접착심을 붙인다

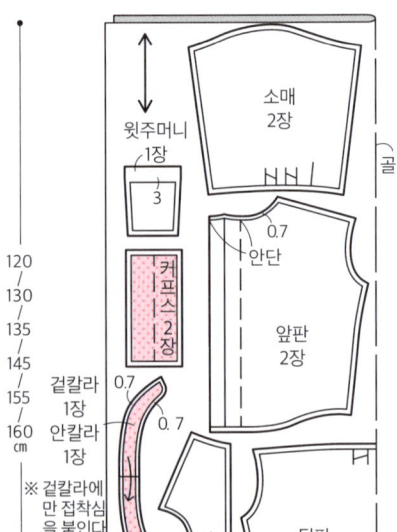

만드는 순서
1 원단을 재단하고 시접을 다려서 접는다
2 앞판 끝선에 스티치를 한다
3 윗주머니를 만든다 (→P.62-2)
4 윗주머니를 단다
5 뒤판 턱을 박는다
6 몸판에 요크를 단다 (→P.61-6)
7 칼라를 만든다 (→P.61-7)
8 칼라를 단다 (→P.61-8)
9 소맷부리 트임을 만든다
10 소매를 단다 (→P.61-9)
11 소매 옆선과 몸판 옆선을 박는다
12 커프스를 만들어서 단다
13 밑단을 두 번 접어 박는다
14 단춧구멍을 만들고 단추를 단다

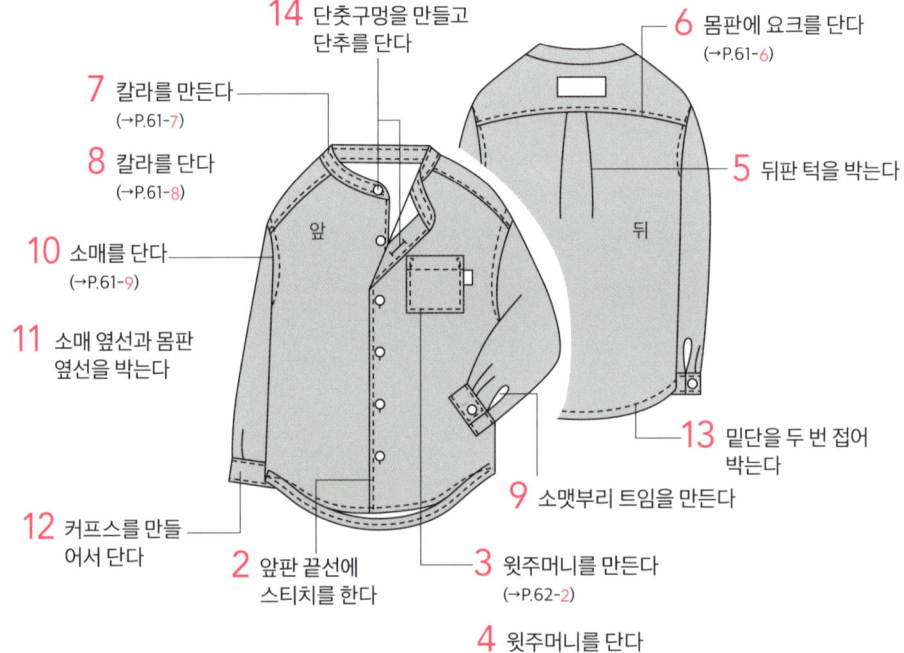

1 원단을 재단하고 시접을 다려서 접는다

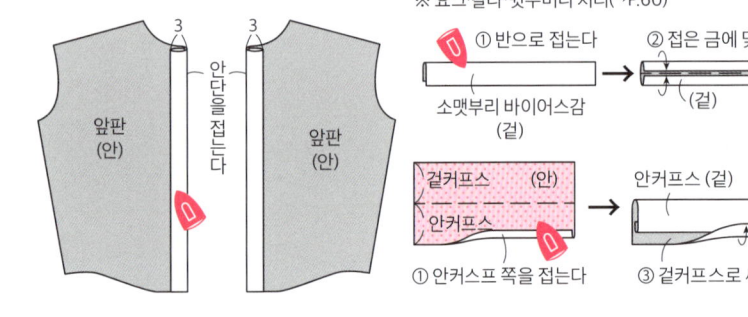

2 앞판 끝선에 스티치를 한다
4 윗주머니를 단다

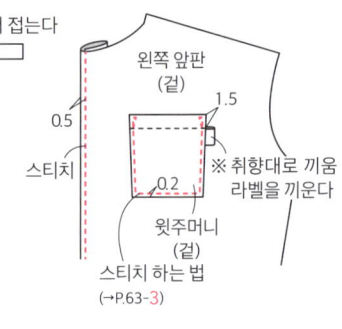

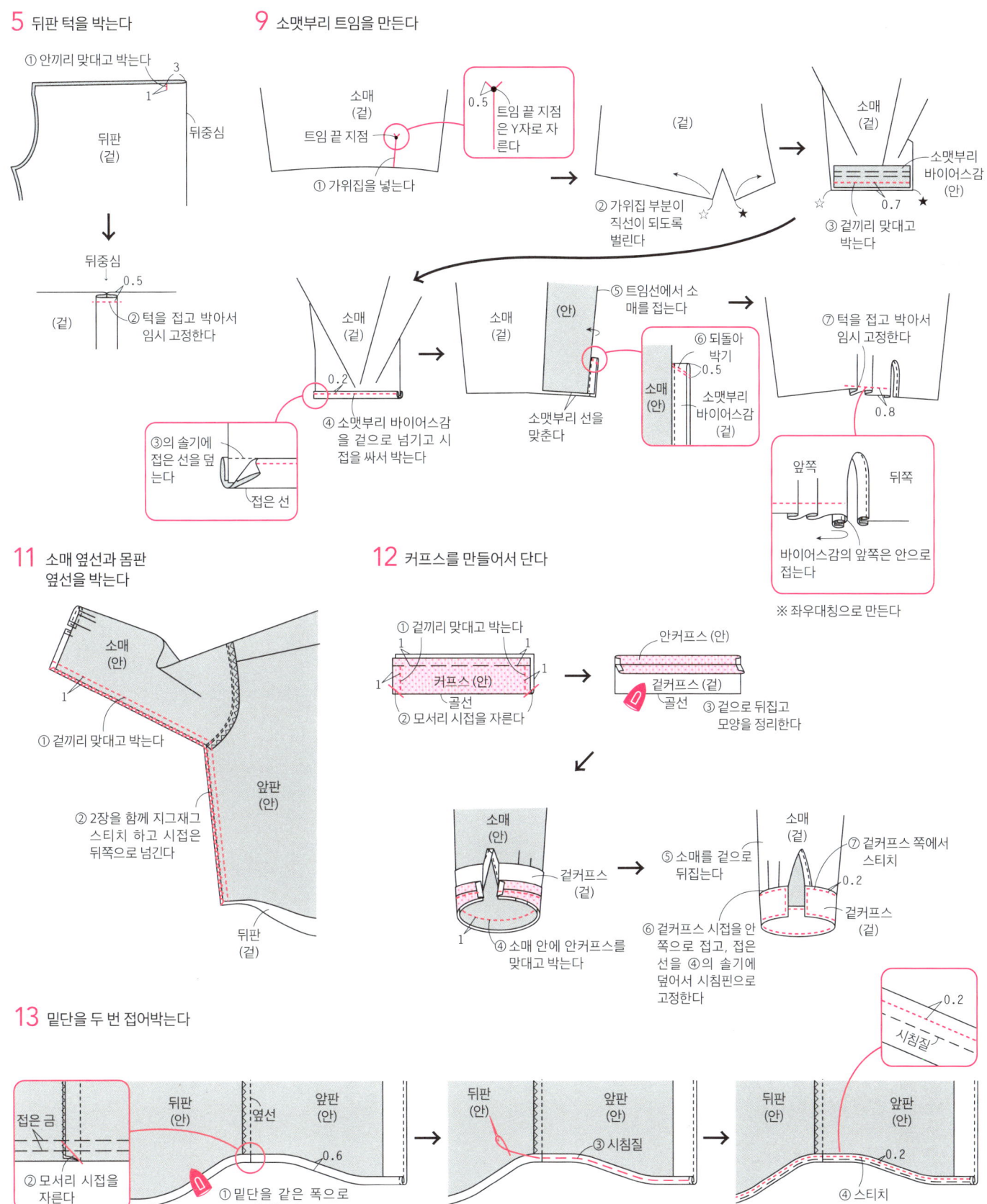

26 투톤 풀오버 '긴소매'

P.38/실물 크기 패턴 E면

■ 재료
※ 각 치수는 100/110/120/130/140/150 사이즈
겉감 … 멀티 슬러브 쭈리 (파란색) 폭 160cm×55/60/65/90/105/115cm
다른 감 … 멀티 슬러브 쭈리 (베이지) 폭 160cm×50/55/60/65/70/75cm
　　　　　가는 골 코듀로이 (겨자색) 35cm×15cm
　　　　　스판 후라이스 (베이지) 폭 42cmW×10cm
파이핑테이프(황갈색) … 폭 11mm(심 너비 35mm)×100cm

라벨(옵션) … 1개
끼움라벨(옵션) … 1개

■ 완성 치수
가슴둘레 … 약 66.5/70.5/74.5/78.5/83.5/86.5cm
옷 길이(뒤중심) … 약 37.7/40.7/43.7/46.7/49.7/52.7cm
소매 길이 … 약 39/43/46.8/50.7/54.5/58cm

재단 배치도
※ 정해진 곳 외의 시접은 0.7cm

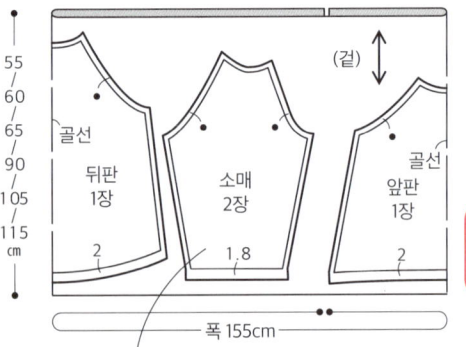

※ 작품 26의 소매는 아래처럼 다른 감으로 재단한다

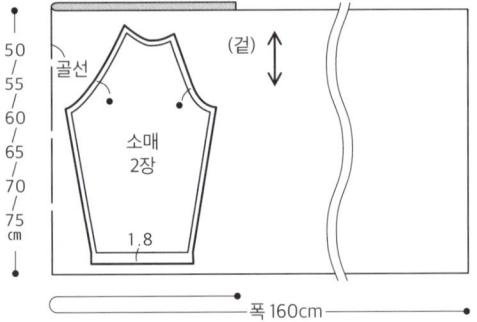

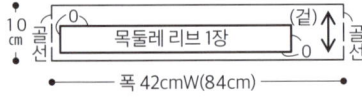

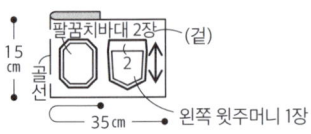

만드는 순서

1 원단을 재단하고 시접을 다려서 접는다

※ 이하의 만드는 법은 작품 28과 같다

1 원단을 재단하고 시접을 다려서 접는다
※ 왼쪽 윗주머니와 팔꿈치바대 외에는 작품 28 A라인 풀오버와 같다

2 왼쪽 윗주머니와 팔꿈치바대를 단다

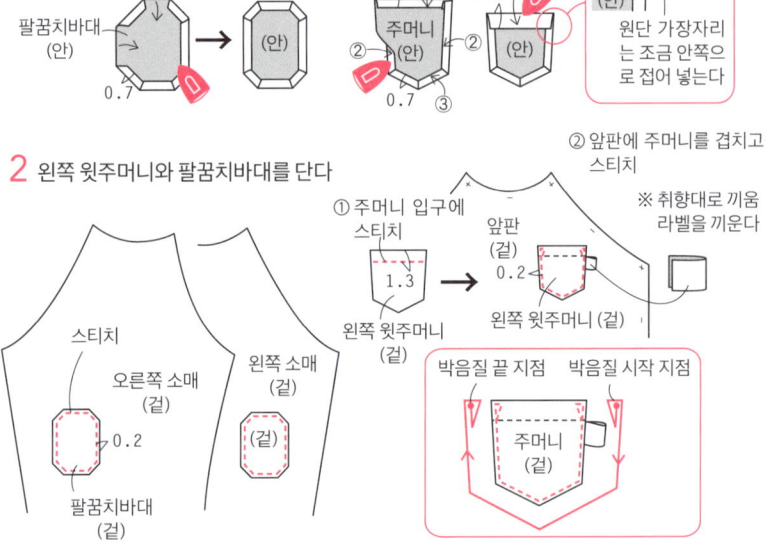

28 A라인 풀오버 '7부 소매'

P.40/실물 크기 패턴 E면

■ 재료

※ 각 치수는 100/110/120/130/140/150 사이즈
겉감 … 미니 쭈리 (분홍색 계열 사각무늬) 폭 155cm×55/60/65/90/105/115cm
다른 감 … 스판 후라이스 (분홍색) 폭 42cmW×10cm
파이핑테이프(살구색) … 폭 11mm(심 너비 3.5mm)×100cm
라벨(옵션) … 1개
끼움라벨(옵션) … 1개

■ 완성 치수

가슴둘레 … 약 67.5/71.5/75.5/79.5/83.5/87.5cm
옷 길이(뒤중심) … 약 41/43/46/49/52/55cm
소매 길이 … 약 33.5/37.5/41.3/45.2/49/52.5cm

만드는 순서   ※ 재단 배치도(→ P.92)

1 원단을 재단하고 시접을 다려서 접는다

2 앞판과 소매에 파이핑테이프를 임시 고정한다
3 몸판과 소매를 잇는다
4 목둘레 리브를 만들어서 단다
5 소매 옆선과 몸판 옆선을 박는다
6 밑단과 소맷부리를 처리한다

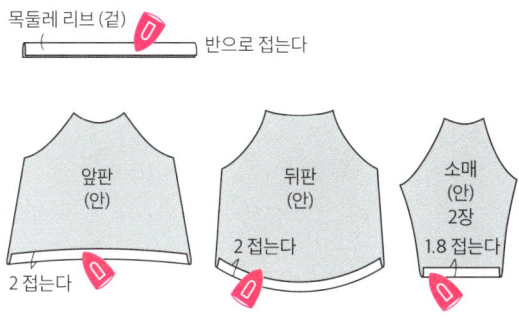

1 원단을 재단하고 시접을 다려서 접는다

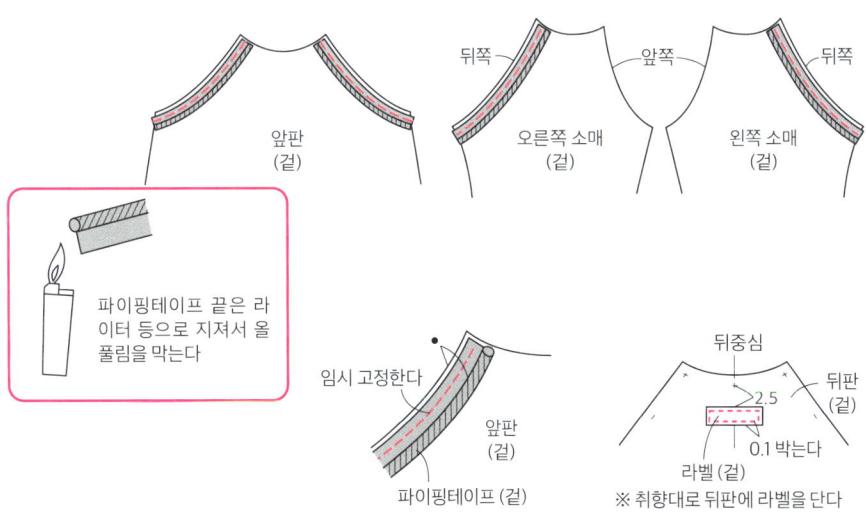

2 앞판과 소매에 파이핑테이프를 임시 고정한다

3 몸판과 소매를 잇는다

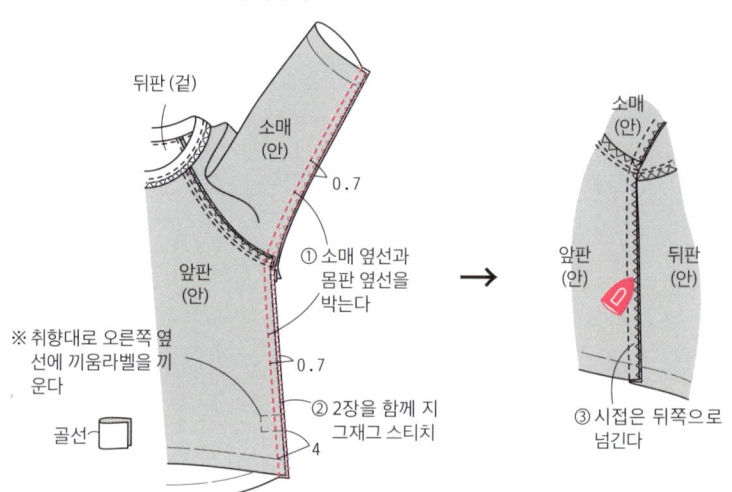

③ 앞판 시접은 소매 쪽으로, 뒤판 시접은 몸판 쪽으로 넘긴다
④ 겉에서 스티치

① 소매와 몸판을 겉끼리 맞대고 박는다
② 3장을 함께 지그재그 스티치

4 목둘레 리브를 만들어서 단다
※ 목둘레 리브 만드는 법(작품 02→P.56-3)

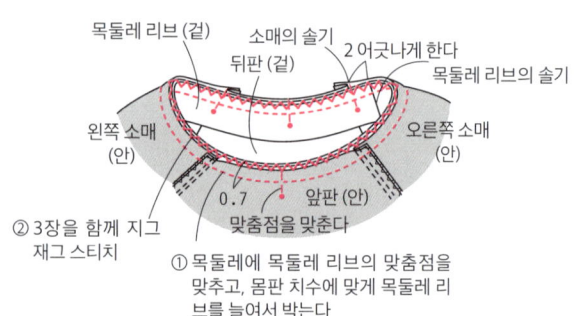

① 목둘레에 목둘레 리브의 맞춤점을 맞추고, 몸판 치수에 맞게 목둘레 리브를 늘여서 박는다
② 3장을 함께 지그재그 스티치
2 어긋나게 한다
맞춤점을 맞춘다

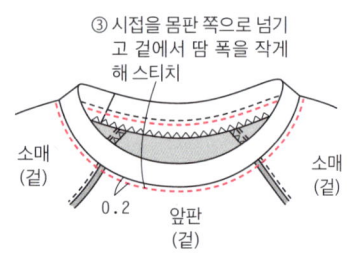

③ 시접을 몸판 쪽으로 넘기고 겉에서 땀 폭을 작게 해 스티치

5 소매 옆선과 몸판 옆선을 박는다

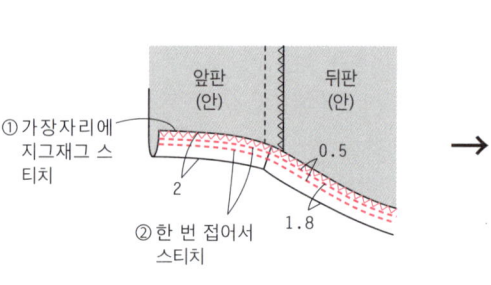

① 소매 옆선과 몸판 옆선을 박는다
② 2장을 함께 지그재그 스티치
③ 시접은 뒤쪽으로 넘긴다
※ 취향대로 오른쪽 옆선에 끼움라벨을 끼운다
골선

6 밑단과 소맷부리를 처리한다

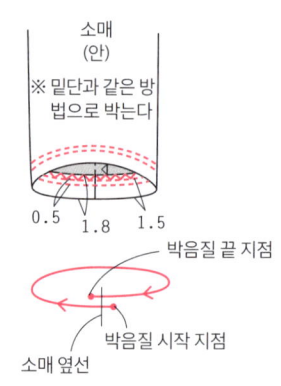

① 가장자리에 지그재그 스티치
② 한 번 접어서 스티치
※ 밑단과 같은 방법으로 박는다
박음질 끝 지점
박음질 시작 지점
소매 옆선

27 스웨트 팬츠

p.39/실물 크기 패턴 F면

■ 재료
※ 각 치수는 100/110/120/130/140/150 사이즈
겉감 … 면 코마사 두꺼운 스웨트 원단 (카키색 민무늬) 폭 180cm×55 / 60 / 70 / 75/85/90cm
　　　스판 리브 (카키색 민무늬) 폭 45cmW×15/15/15/30/30/30cm
다른 감 … 면 브로드클로스 40cm×25cm
고무밴드 … 폭 3cm×47/50/53/56/59/62cm
그로그랭 리본 … 폭 1cm×약 25cm

■ 완성 치수
허리둘레 … 약 45/48/51/54/57/60cm
팬츠 길이 … 약 56/62/68/74/80/86cm

재단 배치도
※ 정해진 곳 외의 시접은 0.7cm

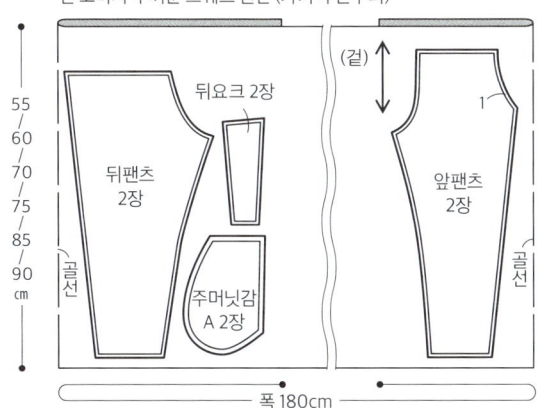

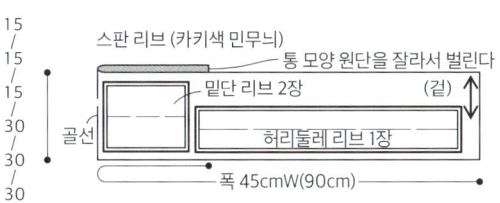

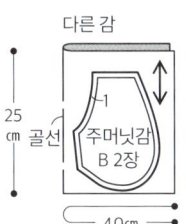

만드는 순서

1 원단을 재단하고 시접을 다려서 접는다
2 앞팬츠에 옆주머니를 만든다 (→P.75-4)
3 뒤팬츠에 뒤요크를 단다
4 밑위를 박는다
5 밑아래를 박는다 (→P.75-6)
6 옆선을 박는다 (→P.75-7)
7 밑단 리브를 만들어서 단다
8 허리둘레 리브를 만들어서 단다
9 고무밴드를 끼운다

1 원단을 재단하고 시접을 다려서 접는다

3 뒤팬츠에 뒤요크를 단다

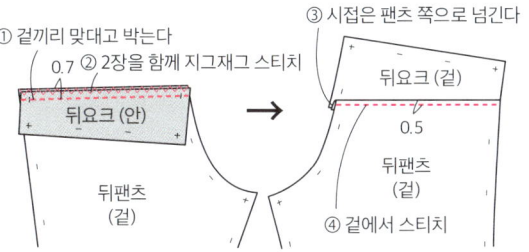

4 밑위를 박는다

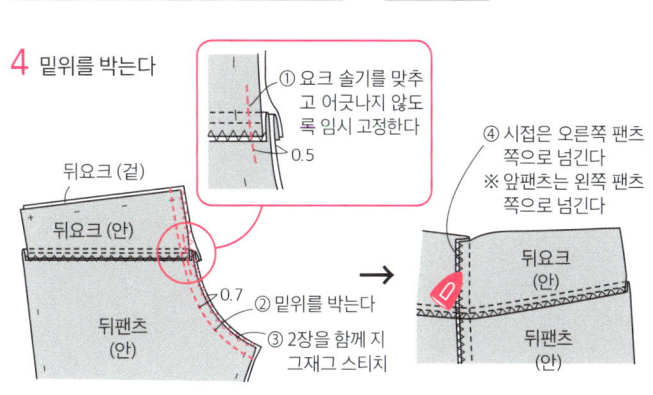

6 옆선을 박는다 (→P.75-7)
※ 옆선 겉쪽에서 하는 스티치는 없다

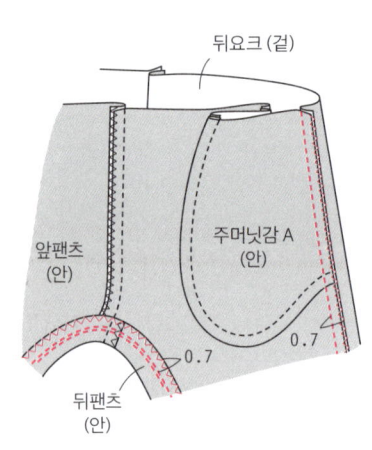

7 밑단 리브를 만들어서 단다

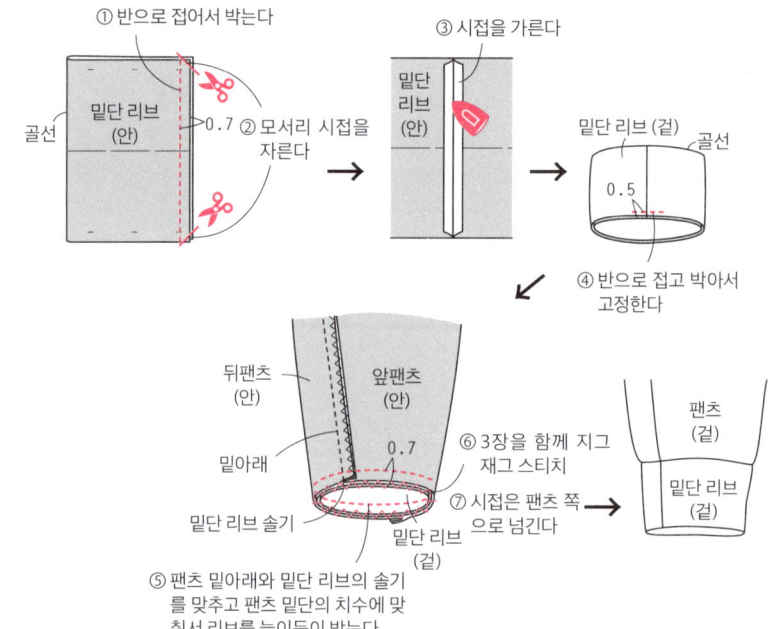

8 허리둘레 리브를 만들어서 단다

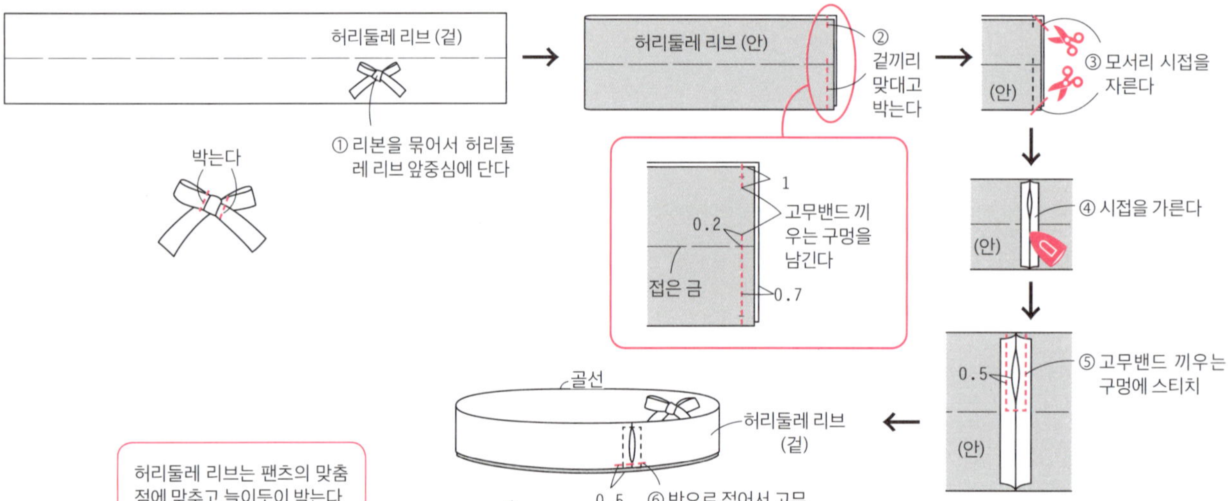

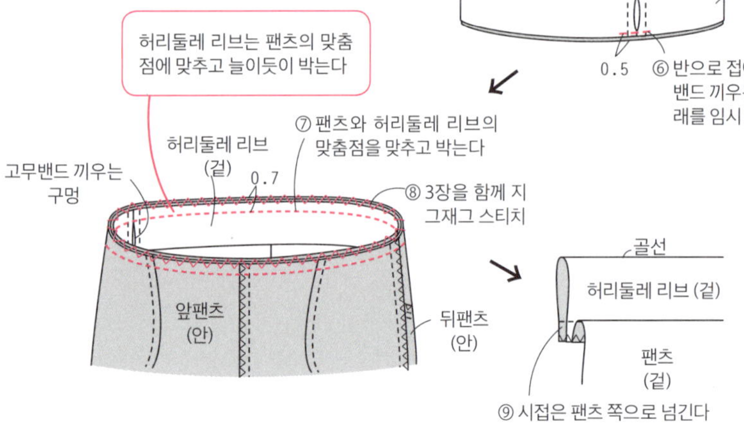

9 고무밴드를 끼운다

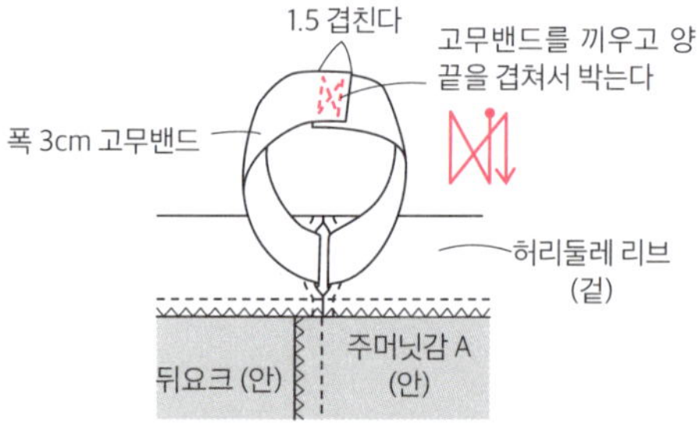

29 턱 퀼로트

P.40/실물 크기 패턴 B면

■ 재료
※ 각 치수는 100/110/120/130/140/150 사이즈
겉감 … 면 플란넬 (진초록색 민무늬) 폭 105cm×95/105/115/125/135/145cm
다른 감 … 면 브로드클로스 40cm×30cm
접착심 … 10cm×40cm
고무밴드 … 폭 3cm×23/25/27/29/31/33cm

■ 완성 치수
허리둘레 … 약 51/54/57/60/63/66cm
팬츠 길이 … 약 32/36/40/44/48/52cm

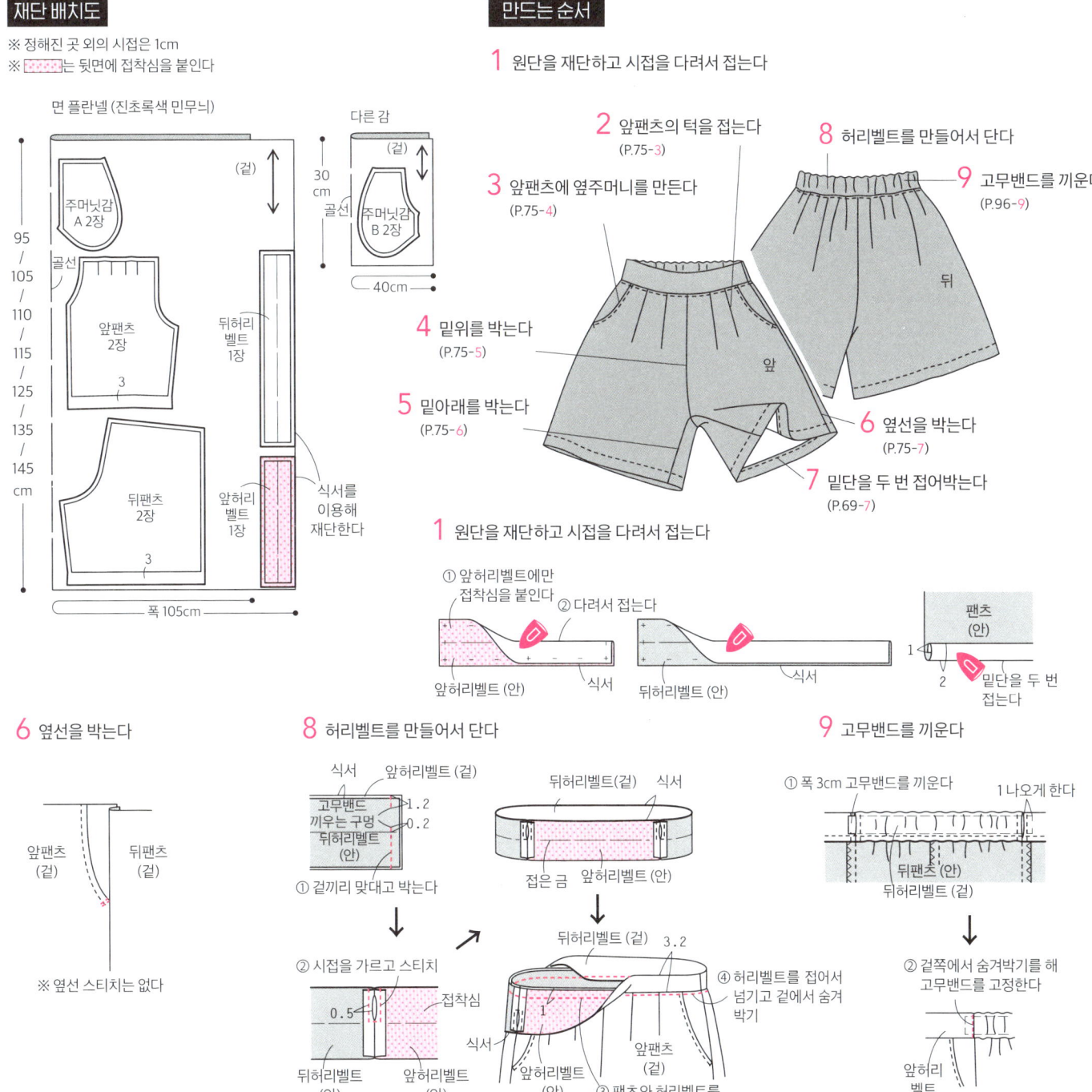

30 방울 크로스백

P.40/실물 크기 패턴 F면

■ 재료
겉감 ··· 면 플란넬 (진초록색 민무늬) 폭 105cm×30cm
다른 감 ··· 면 프린트무늬 55cm×25cm
접착심 ··· 40cm×20cm
방울 브레이드 ··· 지름 1cm×45cm
자석단추 ··· 지름 12mm 1쌍
술 ··· 1개
라벨(옵션) ··· 1개

■ 완성 치수
※ 몸판은 방울 제외
몸판 가로 ··· 13cm
몸판 세로 ··· 18cm
어깨끈 ··· 폭 1.25cm×길이 83cm

재단 배치도
※ 정해진 곳 외의 시접은 0.7cm
※ ▨는 뒷면에 접착심을 붙인다

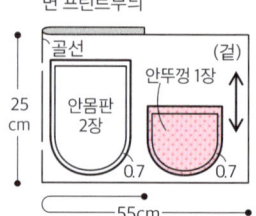

만드는 순서

1 원단을 재단하고 시접을 다려서 접는다

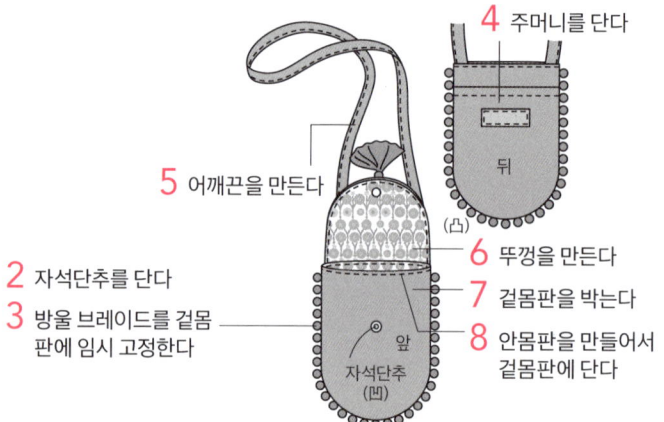

2 자석단추를 단다
3 방울 브레이드를 겉몸판에 임시 고정한다
4 주머니를 단다
5 어깨끈을 만든다
6 뚜껑을 만든다
7 겉몸판을 박는다
8 안몸판을 만들어서 겉몸판에 단다

1 원단을 재단하고 시접을 다려서 접는다

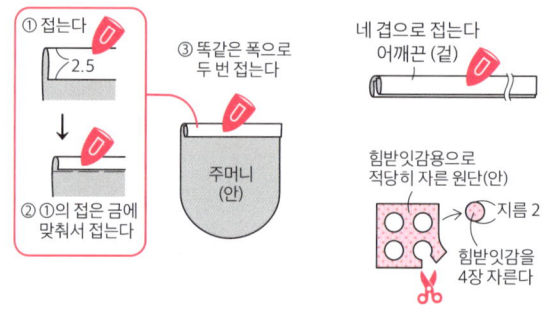

2 자석단추를 단다

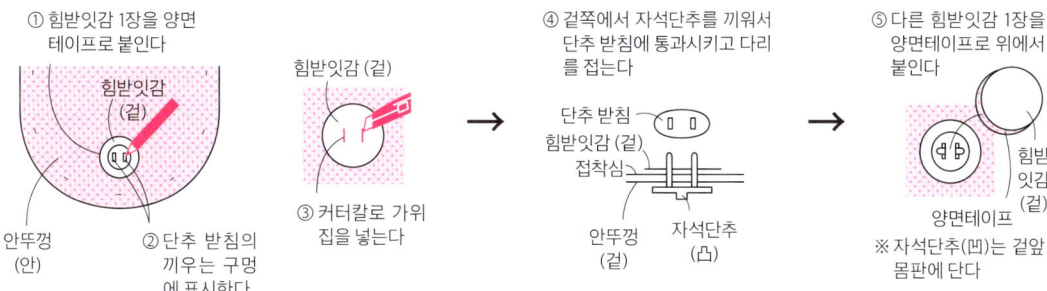

3 방울 브레이드를 겉몸판에 임시 고정한다

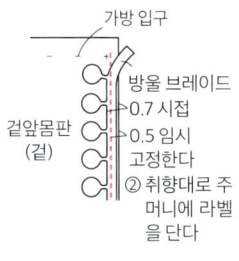

4 주머니를 단다

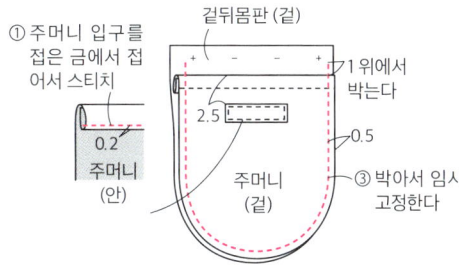

5 어깨끈을 만든다

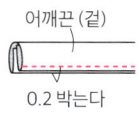

6 뚜껑을 만든다

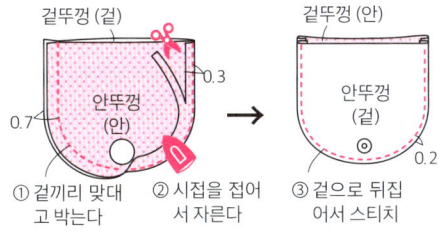

7 겉몸판을 박는다

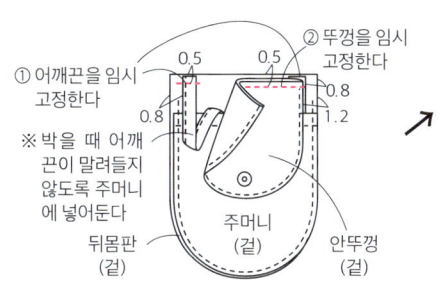

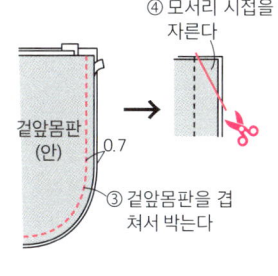

8 안몸판을 만들어서 겉몸판에 단다

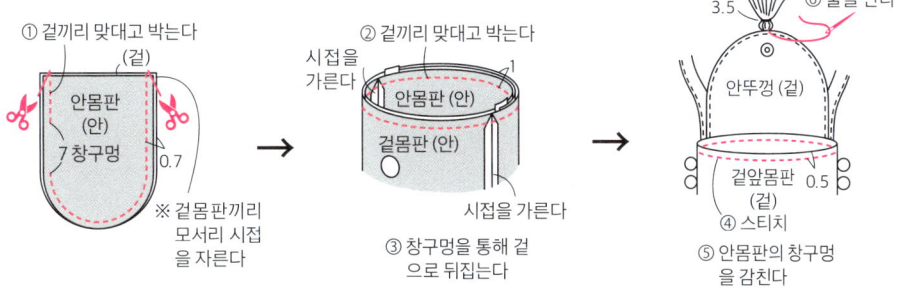

31 살로페트 스커트

P.42/실물 크기 패턴 E면

■ 재료
※ 각 치수는 100/110/120/130/140/150 사이즈
겉감 … 워싱 블루 데님 폭 145cm×65/75/85/95/105/115cm
다른 감 … 면 브로드클로스 폭 100cm×40/40/45/45/50/50cm
접착심(겉감이 얇을 때만) … 40cm×30cm
흔들이단추(일반 단추 가능) … 지름 17mm 6개
라벨(옵션) … 1개

■ 완성 치수
허리둘레 … 약 60/64/68/72/76/80cm
옷 길이 … 약 52/58/64/70/77/84cm

재단 배치도
※ 정해진 곳 외의 시접은 1cm
※ ▨ 는 얇은 원단일 때만 뒷면에 접착심을 붙인다

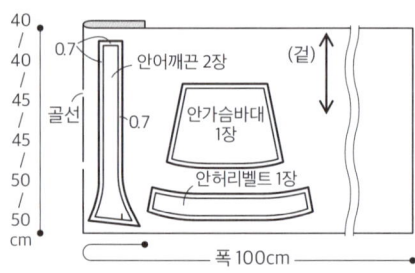

만드는 순서

1. 원단을 재단하고 시접을 다려서 접는다
2. 가슴바대를 만들고 허리벨트를 단다
3. 주머니를 단다
4. 앞중심을 박는다
5. 앞스커트에 허리벨트를 단다
6. 어깨끈을 만들어서 뒤스커트에 단다
7. 뒤중심을 박고 뒤스커트를 처리한다
8. 밑덧단을 만들어서 뒤판 옆선에 단다
9. 옆선을 박는다
10. 밑단을 두 번 접어 박는다
11. 단춧구멍을 만들고 단추를 단다

1 원단을 재단하고 시접을 다려서 접는다

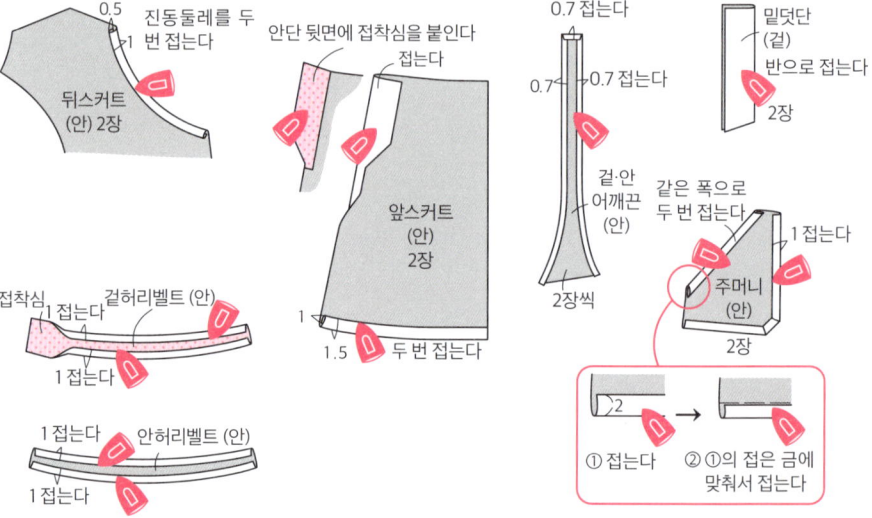

2 가슴바대를 만들고 허리벨트를 단다

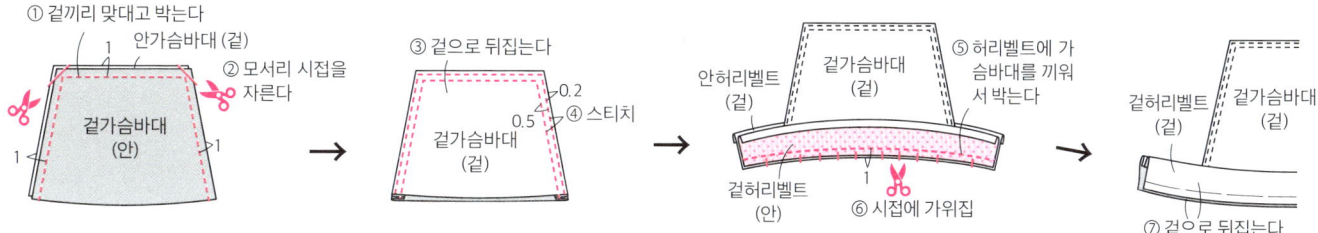

3 주머니를 단다

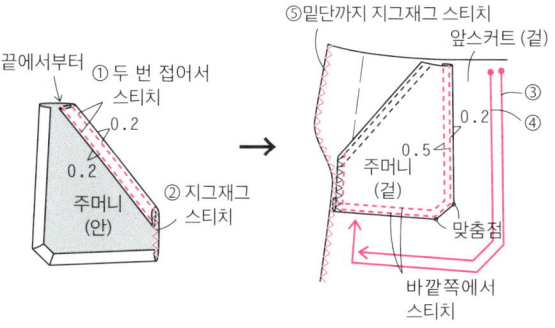

4 앞중심을 박는다

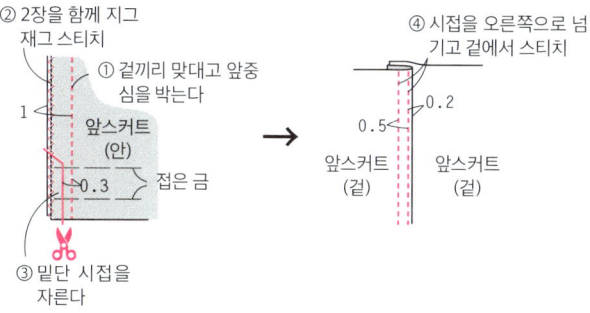

5 앞스커트에 허리벨트를 단다

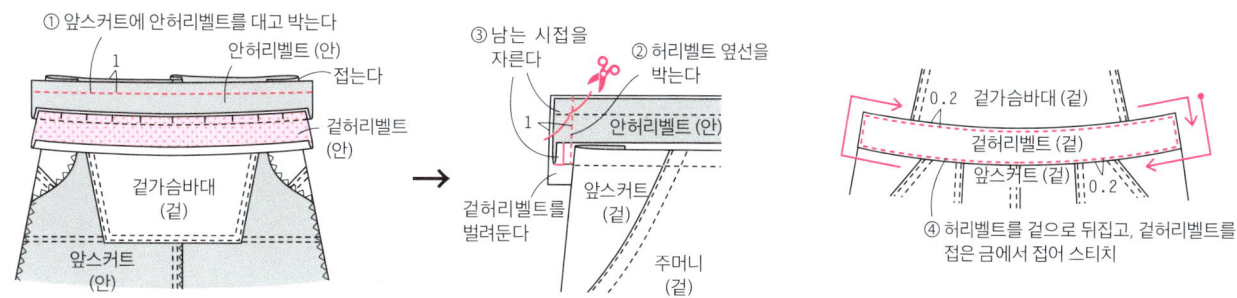

6 어깨끈을 만들어서 뒤스커트에 단다

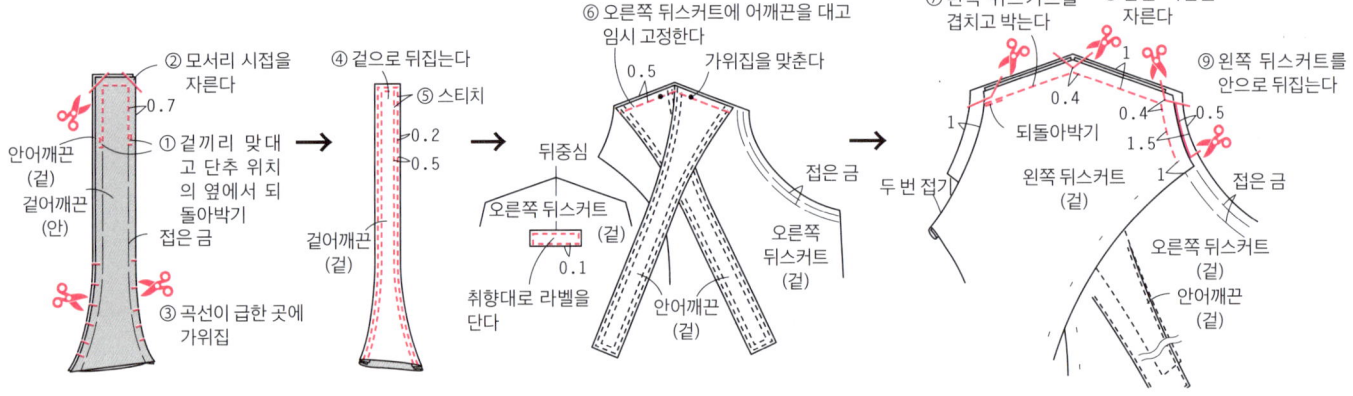

7 뒤중심을 박고 뒤스커트를 처리한다

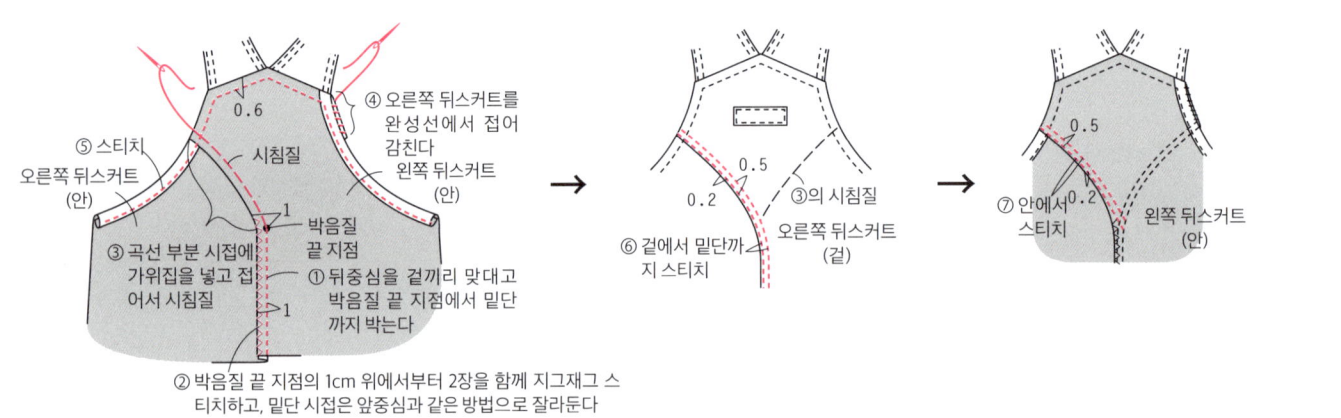

8 밑덧단을 만들어서 뒤판 옆선에 단다

9 옆선을 박는다

10 밑단을 두 번 접어박는다

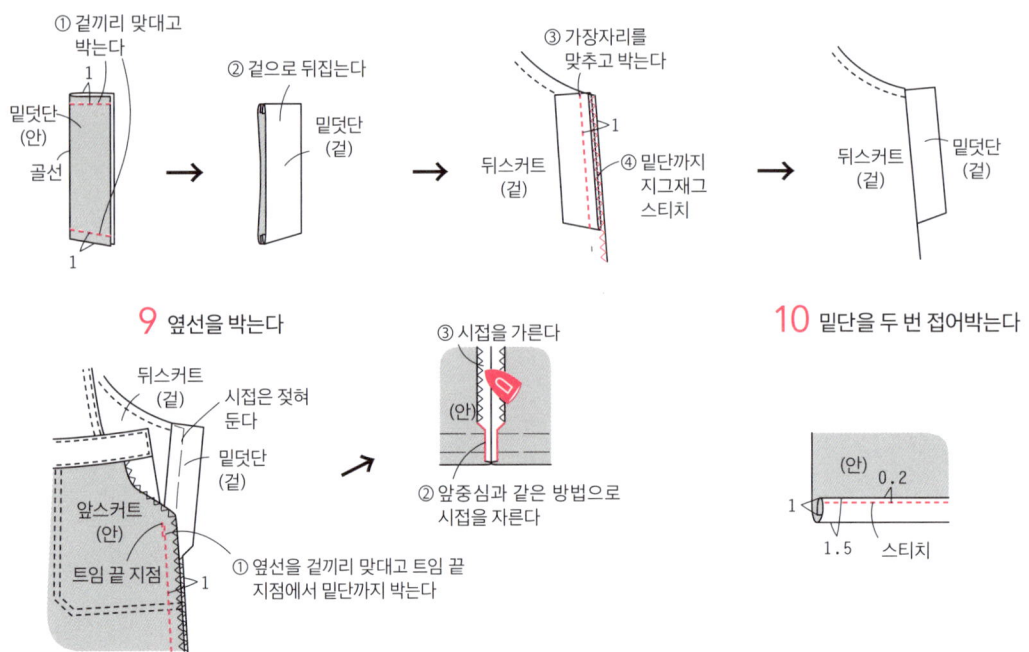

32 퍼 블루종

P.43/실물 크기 패턴 F면

■ 재료
※ 각 치수는 100/110/120/130/140/150 사이즈
겉감 … 양털 원단 (아이보리) 폭 130cm×95/100/110/115/125/130cm
안감 … 폭 90cm×80/85/95/100/110/115cm
다른 감 … 면 브로드클로스 60cm×50/50/55/55/60/65cm
접착심 … 60cm×65cm
늘어남 방지 테이프 … 폭 1cm×140cm
비슬론 오픈 지퍼 … 36/38/41/43/46/48cm 1개

라벨(옵션) … 1개
능직 테이프(옵션) … 폭 1cm×8cm

■ 완성 치수
가슴둘레 … 약 72/76/80/84/88/92cm
옷 길이 … 약 43/46/49/52/55/58cm
래글런소매 길이 … 39.5/43.5/47.5/51.5/55.5/59.5cm

재단 배치도
※ 정해진 곳 외의 시접은 1cm
※ ▨는 뒷면에 접착심, 앞중심과 주머니 입구에 늘어남 방지 테이프를 붙인다

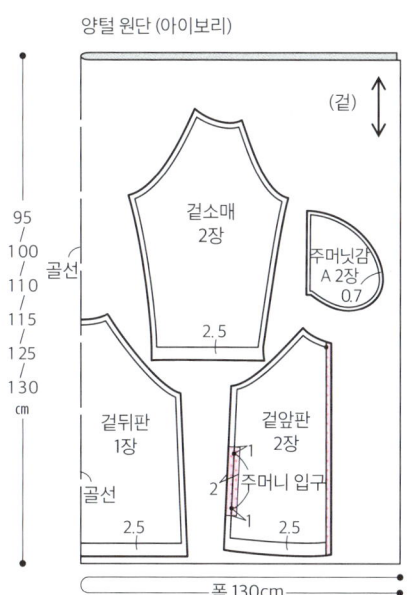

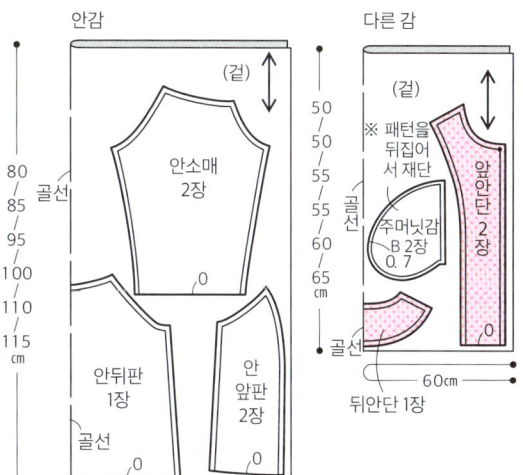

만드는 순서

1 원단을 재단하고 시접을 다려서 접는다
※ 재단 배치도의 정해진 위치에 접착심과 늘어남 방지 테이프를 붙인다

2 겉몸판을 만든다

3 안몸판을 만든다

4 겉몸판과 안몸판을 잇는다

1 원단을 재단하고 시접을 다려서 접는다

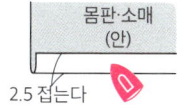

2 겉몸판을 만든다
1 주머니를 단다

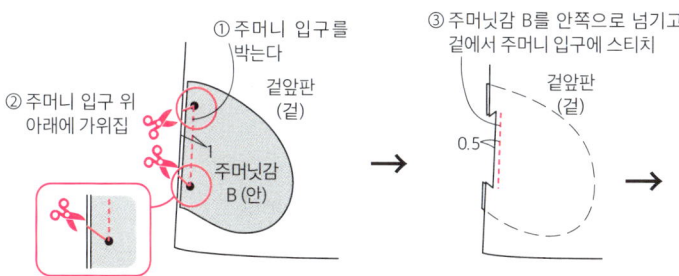

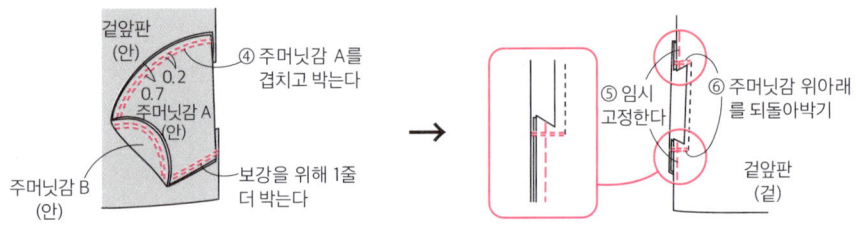

2 지퍼를 단다

※ 왼쪽 앞판도 같은
방법으로 박는다

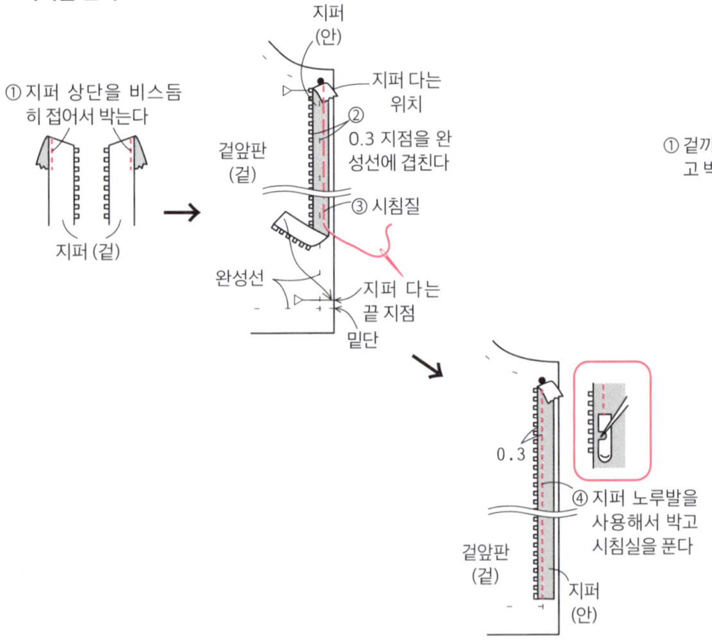

3 겉몸판에 소매를 단다

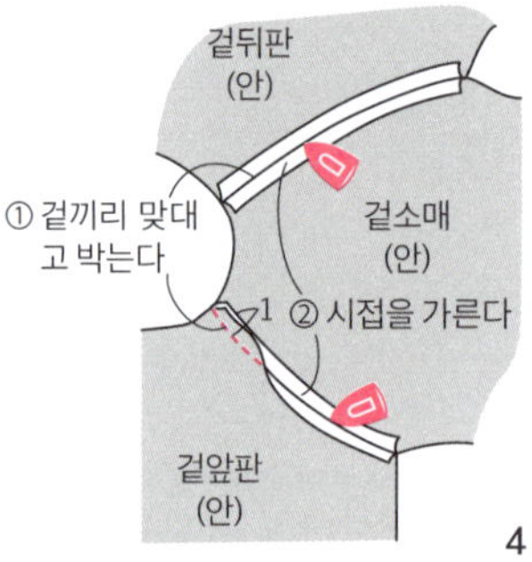

4 소매 옆선과 몸판 옆선을 박는다

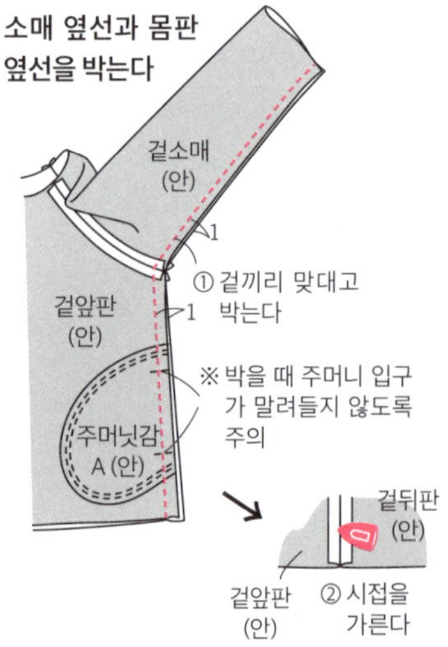

3 안몸판을 만든다

1 안단을 만든다

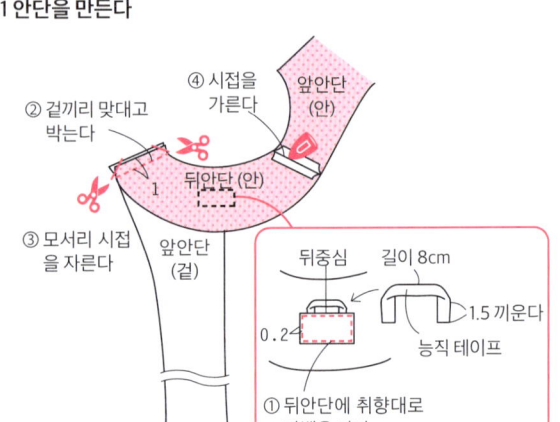

2 안몸판과 안소매를 박고 안단을 단다

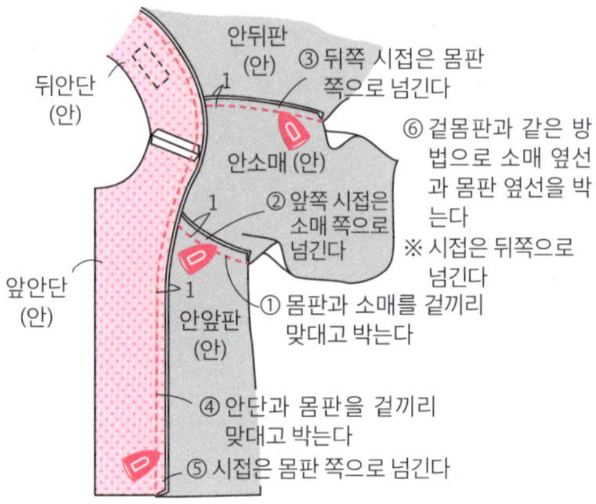

4 겉몸판과 안몸판을 잇는다

1 겉몸판에 안단을 단다

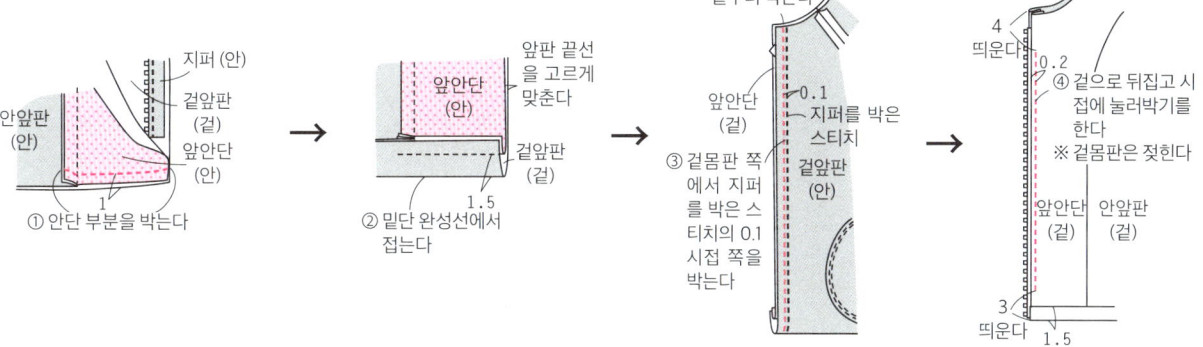

2 목둘레선을 박는다

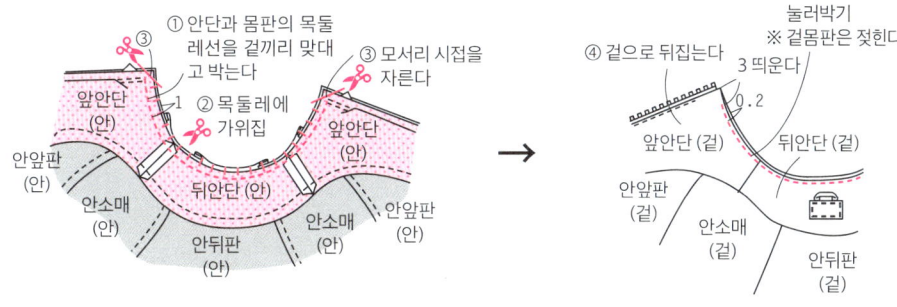

3 소맷부리를 박는다

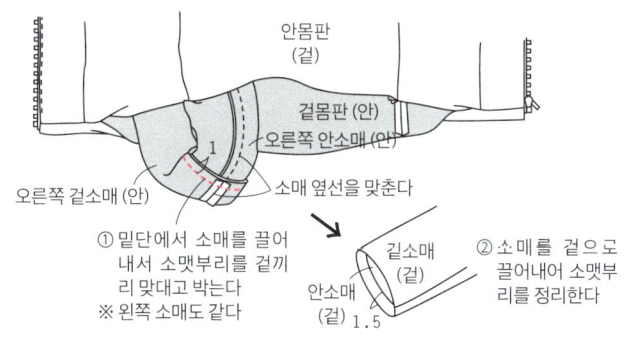

4 밑단을 박는다

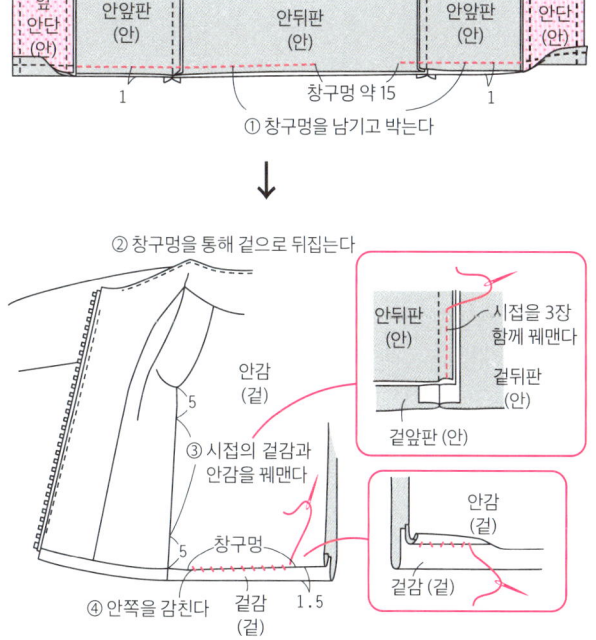

33 체스터 코트

P.44·45 / 실물 크기 패턴 F면

■ 재료
※ 각 치수는 100/110/120/130/140/150 사이즈
- 겉감 … P.38 왼쪽 치노클로스 (카키색 민무늬) 폭 135cm×110 / 115 / 120 / 125 / 130 / 155cm
- P.38 오른쪽 플라노 (남색 민무늬) 폭 148cm×110 / 115 / 120 / 125 / 130 / 135cm
- 안감 … 폭 90cm×100/105/110/115/150/175cm
- 다른 감 … 면 브로드클로스 50cm×30cm
- 접착심 … 80cm×80cm
- 늘어남 방지 테이프 … 폭 1cm×30cm
- 단추 … 지름 20mm 2개
- 힘받이단추 … 지름 7mm 2개
- 라벨(옵션) … 1개

■ 완성 치수
- 가슴둘레 … 약 71/75/79/83/87/91cm
- 옷 길이 … 약 50/53/56/59/62/65cm
- 소매 길이 … 34/37/40/43/46/49cm

재단 배치도
※ 정해진 곳 외의 시접은 1cm
※ 🌸는 뒷면에 접착심과 늘어남 방지 테이프를 붙인다

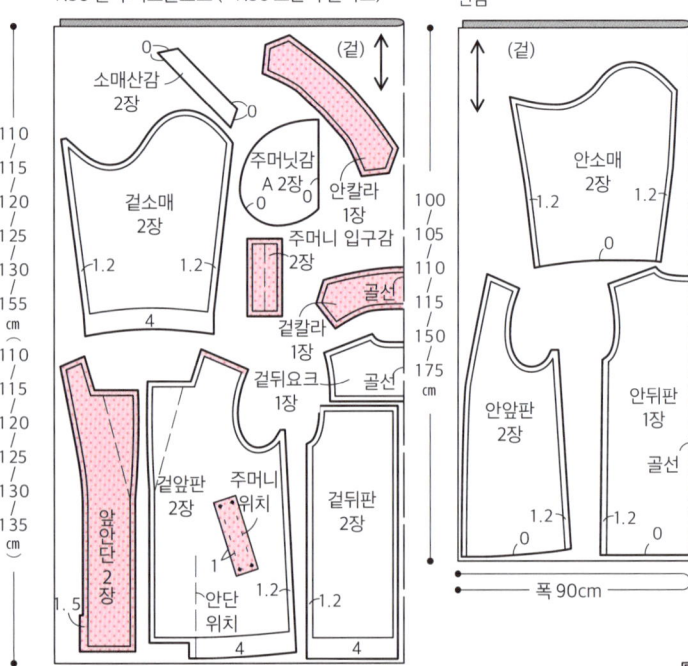

만드는 순서
1. 원단을 재단하고 시접을 다려서 접는다
2. 겉감을 만든다
3. 안감을 만든다
4. 겉감과 안감의 칼라와 앞판 끝선을 잇는다
5. 목둘레 시접의 겉감과 안감을 꿰맨다
6. 소맷부리를 처리한다
7. 밑단을 박는다
8. 칼라와 몸판에 스티치를 한다
   ※ 몸판과 칼라의 스티치는 따로따로 하고 칼라는 겉칼라 쪽에서 박는다
9. 단춧구멍을 만들고 단추를 단다
   ※ 단추는 힘받이단추와 함께 단다

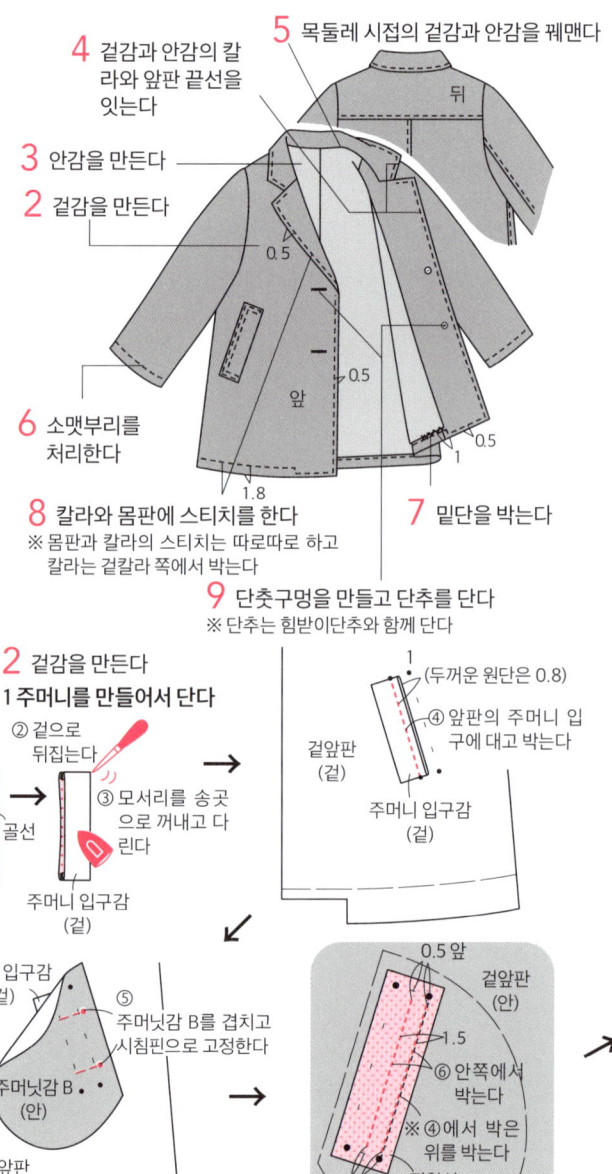

1 원단을 재단하고 시접을 다려서 접는다
※ 재단 배치도를 참조해 각 부분에 접착심과 늘어남 방지 테이프를 붙여둔다

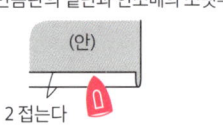

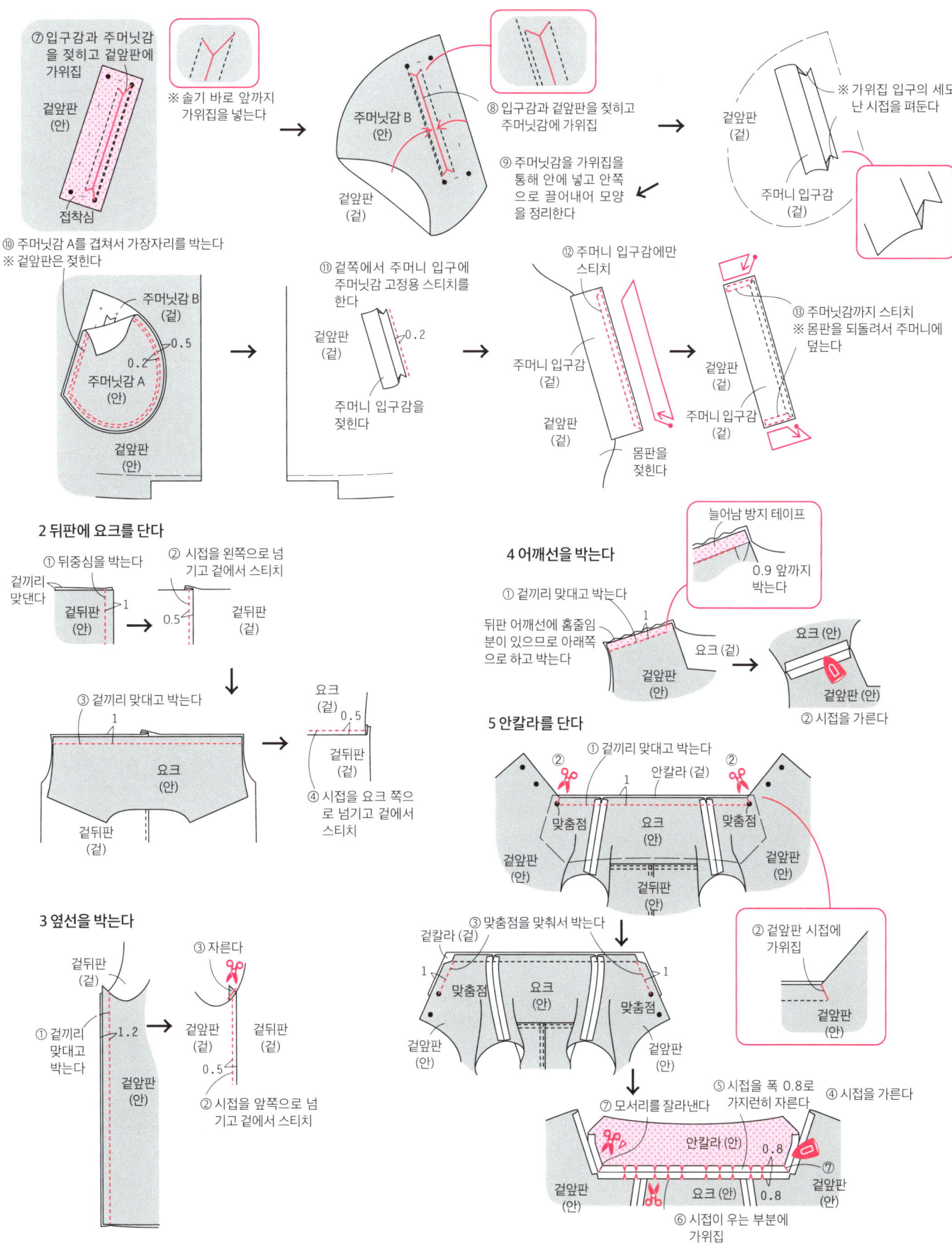

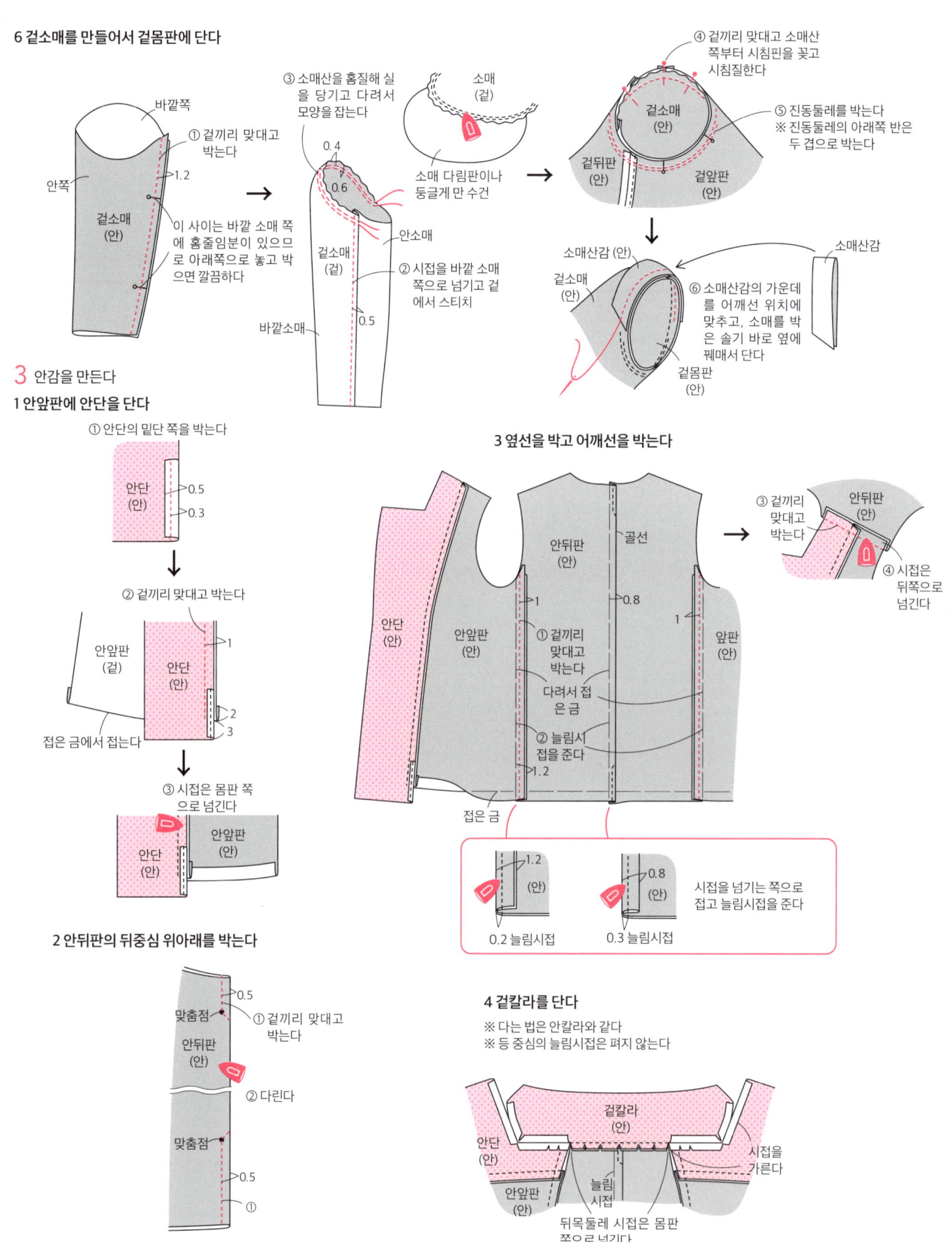

5 안소매를 만들어서 안몸판에 단다

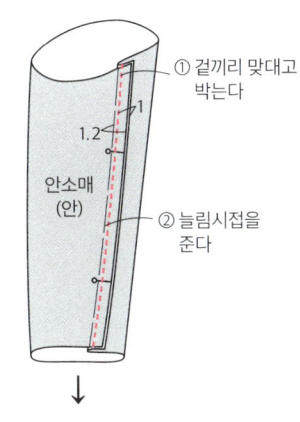

4 겉감과 안감의 칼라와 앞판 끝선을 잇는다

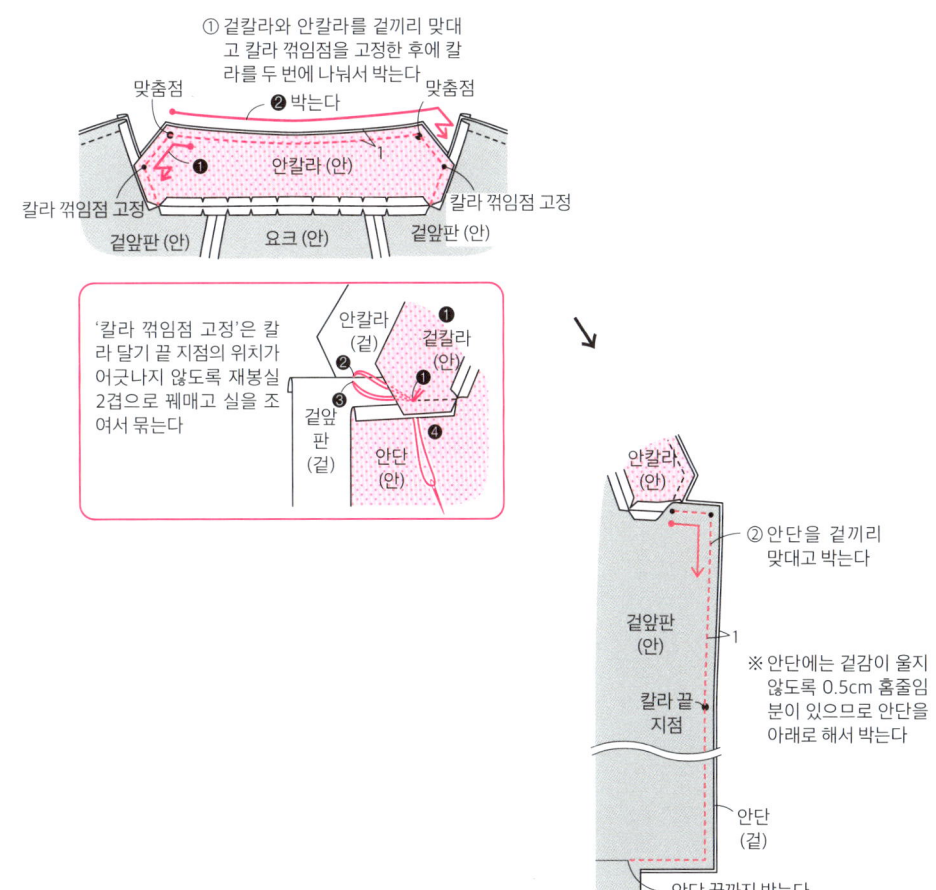

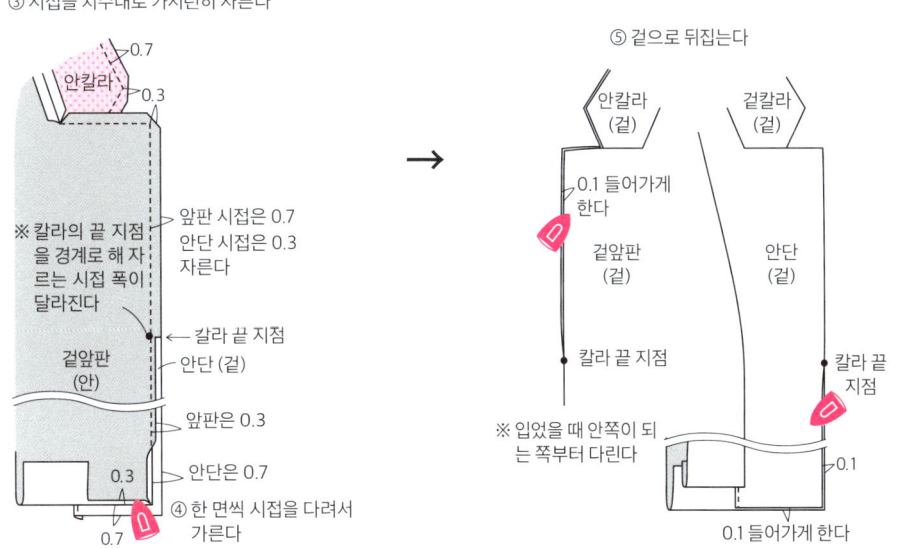

5 목둘레 시접의 겉감과 안감을 꿰맨다

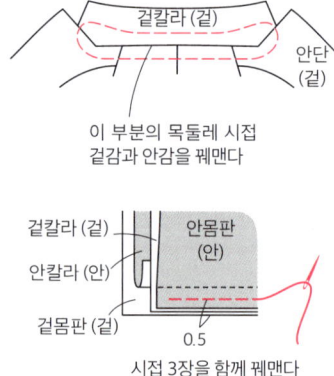

6 소맷부리를 처리한다

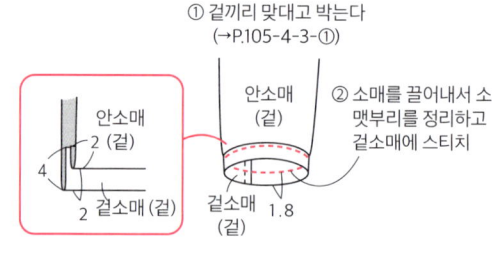

7 밑단을 박는다

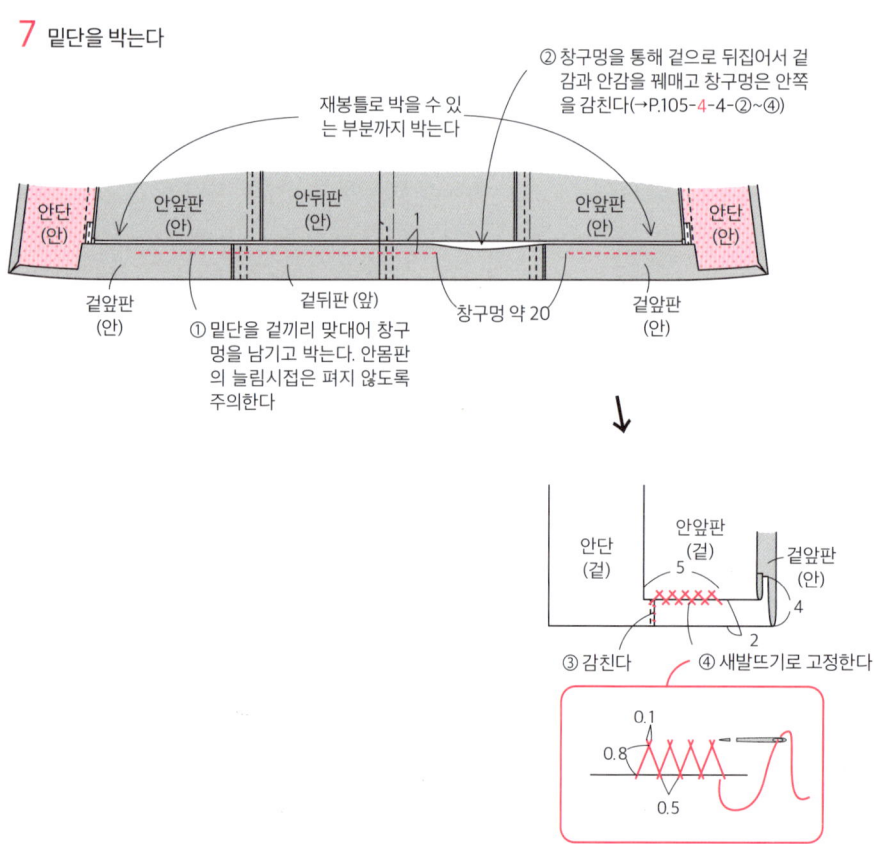

"ONNANOKO TO OTOKONOKO NO ITSUMONO FUKU" by Yuuki Katagai (NV80693)
Copyright ©Yuuki Katagai / NIHON VOGUE SHA 2021
All rights reserved.
First published in Japan in 2021 by NIHON VOGUE Corp.
Photographer: Yukari Shirai
This Korean edition is published by arrangement with NIHON VOGUE Corp., Tokyo
in care of Tuttle-Mori Agency, Inc., Tokyo, through Botong Agency, Seoul.

이 책의 한국어판 저작권은 Botong Agency를 통한 저작권자와의 독점 계약으로 한스미디어가 소유합니다.
신 저작권법에 의하여 한국 내에서 보호를 받는 저작물이므로 무단전재와 무단복제를 금합니다.

패턴부터 남다른 아이 옷 스타일 북 개정증보판
매일매일 입고 싶은
심플 데일리 키즈룩

1판 1쇄 인쇄 | 2022년 4월 4일
1판 1쇄 발행 | 2022년 4월 15일

지은이 가타가이 유키
옮긴이 남궁가윤
펴낸이 김기옥

실용본부장 박재성
편집 실용2팀 이나리, 장윤선
영업 김선주
커뮤니케이션 플래너 서지운
지원 고광현, 김형식, 임민진

디자인 제이알컴
인쇄·제본 민언프린텍

펴낸곳 한스미디어(한즈미디어(주))
주소 121-839 서울시 마포구 양화로 11길 13(서교동, 강원빌딩 5층)
전화 02-707-0337 | **팩스** 02-707-0198 | **홈페이지** www.hansmedia.com
출판신고번호 제 313-2003-227호 | **신고일자** 2003년 6월 25일

ISBN 979-11-6007-796-4   13590

책값은 뒤표지에 있습니다.
잘못 만들어진 책은 구입하신 서점에서 교환해 드립니다.
이 책에 게재되어 있는 작품을 복제하여 판매하는 것은 금지되어 있습니다